阿乙莎靈訊

創造新我 新地球

譚瑞琪（Rachel）著
尤俠 繪

目錄

第三章 認識你的晶體

第四章 晶體導航

第五章 探索全息宇宙

第十章　合一意識

第十一章　揚升進入基督意識

第十二章　與神共同創造

第十三章　邁向新地球

第十四章　創造永恆生命的傳奇

〈推薦序〉——張嘉祐

連結高我，共創地球新未來

在多年靈性追尋的道途上，讀過不少高靈傳遞的訊息，《阿乙莎靈訊》一書最讓我有一種「與君一席話，勝讀萬卷書」的感動與暢快！可能是因爲訊息是由作者 Rachel 直接以中文傳遞，少了語文轉換的不順，加上傳遞的對象是臺灣及華人世界的讀者，更讓一直都接受西方資訊的我們很有親切感。當然更重要的是，阿乙莎高靈傳遞下來的訊息非常全面及完整，常須拜讀再三，始能體會文字裡蘊含的眞知及深意，也解答了我多年來內心在生命追尋過程中的許多困惑及迷惘。當得知 Rachel 又接收了以靈性意識創造爲主題的訊息，寫了第二本「阿乙莎靈訊」，我自然迫不及待地先讀爲快，既滿足自己心靈的渴望，並樂於推薦給目前跟我一樣還在地球上追尋靈性成長及回家之路的兄弟姊妹。

這本書一開始，阿乙莎就直接講清楚宇宙的「生命再生循環」機制，爲我們錨定了生命輪迴的目的，提醒我們不要再渾渾噩噩度日了！祂提到，進入新生命的開始，來自意識創造的生命動能。當人類的身體結束運作時，圍繞著全身細胞和循環系統的靈性能量流會在身體停止運作後，自動回流到腦幹下方後頸部的靈魂回收中心，然後透過這個回收站，將靈性能量上傳至位於頭頂上方六吋的晶體中。生命結束之後，經由晶體帶回阿卡西紀錄等候區的訊息會與全部人類的資料庫再次匯合，成爲更新後的集體意識。而我們會攜帶更新後的集體意識，伴隨著尙未完成的生命意圖，進入生命的選擇區，再次進入新生命的循環及重生的體驗。許多人都相信生命有輪迴，但宇宙爲何會有這樣的再生機制，阿乙莎在這次的傳訊中說得很明白，讓我們可以理解耶穌爲何能復活的眞相。其實，眞理一直存在，只是人類都被過往的局限性集體意識框住，而自我蒙蔽。有了這樣的認知後，人類將能擺脫死亡的幻相，開始理解生命的永恆性。

阿乙莎也提點我們，在了解生命再生循環的機制後，要善用這一次的生命，邁入全然不同的認知系統。人類過去因爲處於靈魂DNA被封印的狀態，無法憶起自己的生命藍圖，讓生命在有限的生物腦中持續以創造爲名，碰撞出周而復始、不斷輪迴的生命之路，這是我們過去熟悉的文明創造之路。只有當我們找回自己生命的藍圖，表達出自身生命最初始的意圖，讓生命展現超越生物體的智慧和創造力，才能幫助自己，也幫助所有人類和地球，走上揚升的道路。

高靈阿乙莎於本書末章呼喚我們要認知到靈魂是永恆的生命，我們就是自己的神和造物主，要從源頭的合一意識找回最初始的生命藍圖。肉體只是我們目前暫時使用的載具，這個生命載具最大的功能，就是輔助我們完成一次又一次的生命目的，因此我們要在永恆生命的時空看見自己生命的目的。

目前地球的人類雖然受到社會文化的制約和規範，但都不該影響永恆生命的前進。阿乙莎邀請所有地球人一起走入內在宇宙，找到自己生命的目的和意義，創造屬於自己的新宇宙傳奇。

（本文作者爲奇美醫學中心腦中風中心／神經內科主任、中興大學食品暨應用生技系博士）

〈作者序〉

一本務實幫助人們提升靈性意識的訓練手冊

先前出版的《阿乙莎靈訊》收到來自各方的熱烈迴響，對靈性麻瓜的我來說，是非常重要的支持力量。前輩給予的肯定與認同，讓我更有信心和阿乙莎連結，繼續傳達訊息給大家。與讀者分享新訊息時，我還是戒慎恐懼，深怕在沒有科學證實的情況下誤導大衆，讓人盲目地追求靈性成長，忽略要穩定扎根於地球生存的現實。然而，結束這本書的收訊之後，我的擔心已是多餘，因爲這是一本務實地幫助人們提升靈性意識的訓練手冊，一點都不空靈，也不會讓人陷入幻境。

這本書將給予邁向靈性覺醒的人一條清晰的創造路徑。這是來自宇宙源頭的智慧和慈悲，在地球人類的揚升過程中提供意識上的訓練和指導。宇宙經由不斷創造來維持生命的永續與平衡，而當生命進入更高次元探索時，我們的確需要鍛鍊自己的意識，才能順利進入宇宙的創造法則。那是超越三次元物質世界、屬於量子世界光之場域的運作法則。

這本書就像是給一個剛覺醒的學步靈魂的訓練手冊。當我們重拾本自具足的意識能量，就可以連結內在宇宙，並與他人及這個世界相互融合。新世界就在每個人活出自身靈魂最高版本時被顯化出來，這不是魔法，而是靈性提升後自然到達的狀態。在阿乙莎一步步的帶領下，我才明白，進入自己的靈魂晶體，與靈性源頭相遇只是開場，跟隨自己的大師、導師和靈性至親給予的指導，除了可以讓我們隨時校準源頭，還能積極地爲自己和他人創造出和諧共振的量子場域，而這個經由更高意識創造出來的意識場就能轉化世界的低頻振動，改變地球實相，創造新世界。

對仍在尋找內在宇宙的朋友來說，這也是一本回歸源頭的路徑指南。書中詳細介紹進入晶體的祈禱路徑及意識引導練習，並且進一步讓我們在晶體中與靈性父母達成三位一體的合一意識。而當我們有幸與內在神性意識結合，揚升契入合一基督意識場域時，就可以窺見來自更高宇宙的運行法則，以及地球爲何如此迫切需要人類集體揚升。此外，書中還收錄我靈性父母創世的故事和新地球的訊息，我當作是宇宙殷切的呼喚所創造的故事情節，我自己仍無法確認這些戲劇化故事的眞實性。

本書最核心的學習，是進入量子世界的創造，學習感知萬事萬物和創造過程中我們可以運用與衡量成效的方法。跟著書中的教導如實演練，將能得到印證，並有所收穫。這些都是珍貴的高階意識引導練習，但我要提醒各位讀者，若只是閱讀書中的內容，而沒有實際練習，並到達自身意識的轉化，即使能夠進入晶體一窺源頭，也不代表我們已經活出更新的意識狀態。我們依然帶著小我的意識生活在地球上，生活中仍會面臨諸多挑戰。因此，若你是帶著小我的低頻意識去操作書中教導的創造能量，就只能顯化出局限或相對性的結果。你不過是再一次體驗小我設定的戲碼，重做了業力命題。只有與自己的更高意識源頭校準，我們才能突破三次元世界，創造出跨越物質層次的新實相，而你最高版本的生命藍圖也將爲你重新展開。

本書最後的「附錄」單元收錄了讀者閱讀《阿乙莎靈訊》後的相關疑問，希望提供在阿乙莎靈訊道路上學習的朋友更清楚的指引。此外，我更要感謝阿乙莎和雷巴特，以及來自更高次元的所有靈性團隊給予我無條件的愛與教導，剩下的工作就交給我們，讓我們在地球的這端一起實踐和創造。

第一章

揭開揚升的序幕

我們從「人」開始談起，當人們覺醒之後，連結到宇宙意識時，就展開創造之路，你們的生活將進入絕對的創造。所謂絕對的創造，就是去創造靈魂宇宙的實相。這也是讓地球與新次元接軌的重要里程碑。若人類在覺醒後無法走向一條正確的靈性創造之路，仍無法幫助整體地球揚升。

生命的再生循環

進入新生命的開始，來自意識創造的生命動能。當人類的身體結束運作時，仍有一部分的能量不受身體系統死亡的影響而繼續存在，那就是位於你們中樞神經系統中的靈性能量流。這些圍繞著全身細胞和循環系統的電流會在身體停止運作後，自動回流到腦幹下方後頸部的靈魂回收中心，透過這個回收站將你的靈性能量上傳至頭頂上方六吋的晶體中。

你在有意識地進入自己晶體的過程中，僅使用不到百分之一的電流就可以進行訊息的傳輸和解碼，你的身體、大腦、器官、細胞則占用了百分之九十九的能量，讓身體可以正常運轉。當身體不再需要使用這些能量時，就會全數回流到你的晶體，進行訊息儲存，而靈魂意識也會在此時透過晶體傳送到位於阿卡西紀錄的生命訊息儲存區等候。

生命結束之後，經由晶體帶回阿卡西紀錄等候區的訊息會與全部人類的資料庫再次匯合，成爲更新後的集體意識。你會攜帶更新後的集體意識，伴隨著你尚未完成的生命意圖，進入生命的選擇區，也就是再次進入新生命的循環。而此時，你尚未完善的生命意圖會與要和你一起完成這個生命意圖的靈魂意識融合，成爲下一個新生命的生命藍圖延伸版本，進入重生的體驗。

所以，現在的你是過去所有人類的集體意識，以及要和你一起完成尙待完善生命意圖的靈性意識再一次結合之後，進入這個世界，你是包含自己、他人和所有人類集體意識的一個全新的生命。當你完成此生的體驗，又會回到阿卡西紀錄中，改寫集體意識資料庫。所以，每一個生命都是過去的一個結果，更是未來的希望種子。你們正在生命的恆河中不斷創造彼此的更新體驗，爲邁向宇宙合一的意識而努力。

當你了解生命的再生循環機制，會對如何善用這一次的生命有全然不同的認知。你會使用自己的生物腦去想像出一個和自身攜帶的靈性意識總合無關的全新生命歷程，抑或去找回此生攜帶的生命意圖，從認識你到底是誰、爲了什麼目的來到此開始，與自己尙待完善的生命意圖重新對焦後再次創造？這是兩種全然不同的生命之路。

人類過去因爲無法憶起自己的生命藍圖，在靈魂ＤＮＡ封印的狀態下，讓生命在有限的生物腦中不斷以創造爲名，碰撞出周而復始、不斷輪迴的生命之路。這是你們過去熟悉的文明創造之路，然而現實狀況是，地球資源在短短的兩百年間便損耗殆盡。

你們的生命再生循環系統只能儲存人類的靈魂意識，你們在此創造的物質、身體、房子、車子、加工食品、機械等，都只是讓你們體驗和重新憶起自己是誰的工具與生活輔助。只有當你們去找回生命的藍圖，表達出自己生命最初始的意圖，爲生命藍圖創造更新的體驗，讓自己的生命走入絕對的創造之路，才能幫助所有人類和地球。

將創造聚焦在物質生活的顯化，在排擠、對立和競爭衝突中創造出優勝劣敗的生命道路，都是你們的生物腦創造出來控制自己和他人生命的伎倆。看穿小我的恐懼與陷阱，回到圓滿自己和他人生命的意圖，以創造人類集體意識的揚升爲目標，你們才可以從創造中找到圓滿生命的道路。

未來世界的藍圖

未來世界在集體意識裡，更新的集體意識正在快速地顯化，你們以個體之姿無法在有形有相的物質世界中看見未來世界的樣貌。但只要讓自己的意識回到阿卡西紀錄中，與人類集體意識場對焦，你就可以窺見人類正在共同創造一份未來世界的藍圖。這份藍圖會注入新的生命靈魂意識中，誕生在地球上，而你們也正在迎接這群攜帶未來世界藍圖的孩子。

當現在的孩子對學校、社會、國家表達出自己的看法和想法時，你會驚奇地發現，不論在世界上的哪個國家、哪個地區，在地球的哪個角落，這些孩子都有著一致的世界觀，關心相同的議題，帶著慈心且愛護地球。

不要認為他們對你們天天關注的話題顯得漠不關心是件不好的事，也別以為他們忘了傳統的禮教與價值觀是教育的失敗。勿輕易對孩子現在的表現貼標籤，別忘了，他們是更新後的人類，不但比你了解全體人類最高靈性意識的想法，還帶著要讓所有人類覺醒與合一的意圖再次來此體驗。未來世界的藍圖就在孩子們表達出來的自身想法與見解中。

知識傳承的目的不是要求別人照著已知的道路和想法前進，知識傳遞的意義是承認過往的不足。從傳承中看見人類過去認知的局限，然後將知識交託給具備更廣大群體意識的新人類，回到生命藍圖的再創造中改寫有限的認知，這才是知識傳承的眞諦。

人類無法以自己有限的想法去要求別人都和自己一樣。當前人寫下的所有實驗結果和研究報告締造人類認定的輝煌紀錄時，只是再一次向所有新人類宣告，我已經走到這裡，你們不用來複製我的想法、我的道路，去尋找屬於你的更新體驗和道路。就如同阿卡西紀錄的訊息場爲人類保留得以探索的訊息，同樣也被人類自己不斷地改寫。

你就是創造的源頭

接下來的傳訊，我們要重新校準人的創造力並釐清觀念。創造的本質是什麼？你們在學校和古老的傳承中已經忘卻了創造的眞義。創造不是破壞後的重建，也不是爲了更好的生活與物質享樂境界採取的行動，而是一種表達，是生命進入更高意識的完整表達。你以嶄新生命之姿來到地球，你的生命誕生本身就已經是一個創造的開端，你只是忘了自己在誕生之前的約定，也未曾憶起來到此生的目的。在生命的旅程中，你看不見自己就是創造的源頭。你走進人群裡，看著眼前花花世界中琳瑯滿目的創新科技，體驗著五感的極致享樂，以爲這些物質的展現就代表人類前所未有的科技文明與創造能力。結果，你一直往外尋找創新的點子和新的體驗，試圖在外面找到更好、更優秀的替代品，以爲只有在物競天擇、優勝劣敗中，才能證明自己。你花了一輩子，努力在物質層次創造和追求，卻忘記表達出自己生命最初始的約定，創造此次生命的極致體驗。

事實上，你無法向外找尋生命的方向，只能從內在找到專屬於自己生命的創造本源。當你與自己的內在宇宙愈來愈靠近，走入內在宇宙的靈性源頭時，那合一的意識將帶你超越線性物質時空的幻相，幫助你回到靈魂最初始設定的道路。

在這趟靈性生命旅程中，沒有時間與空間的限制，也不會有資源匱乏的問題，你將重拾清晰的生命藍圖指南，在靈魂量子宇宙的實相裡創造。這個創造的源頭就是你，你被賦予實現你的天命須具備的天賦才能，從自己的源頭中，你可以發掘並表達出你生命本有的光輝。這是你與自己的生命最初始的約定，和別人如何看待你，以及你目前的身分與職業並沒有關係。

當你的靈魂從你目前身處的地球實相甦醒時，你會發現你已處在平行宇宙中。你的肉身正經歷著這個世界幻化出來的一切體驗，有限的時間裡，你得到物質身體的滋養，與此同時，你的內心已經超越時空的限制，就在你的晶體中，你的靈魂源頭正準備開展專屬於你的靈魂量子世界創造之路。

因爲已經清楚知道即將邁向的生命藍圖大未來，你將不再被物質世界的表象所困，會更感激和珍惜此生遇見的所有人、事、物，他們都在適當的時機來幫助你看見和擦亮你自身靈性的光。你會以更高的意識幫助所有與你連結的人一起邁向光明。在靈性世界的創造之路上，你並不孤獨，你的靈性大師、導師和摯愛的家人將一起指引你、協助你校準源頭，邁向生命的永恆旅程。

第二章

回到靈魂的家

進入晶體路徑引導

進入晶體的行前準備

要進入自身的晶體，有許多方式和路徑，但前提都是要從到達脈輪暢通、中軸穩定的狀態開始建立連結的基礎。這個脈輪暢通與中軸穩定的相關練習和靜心冥想，在《阿乙莎靈訊》一書中已有詳盡的說明，在學習進入晶體之前，希望你們已經完成這個部分的練習。

若期望僅僅透過晶體路徑的冥想引導來獲得晶體中的體驗，是不太可能的，因爲在中軸未穩定的狀態下，會被自身意識干擾而造成連結過程的混亂。也因此，在學習進入自己的晶體之初，除了要達到中軸暢通穩定的狀態，亦須學習解除關係業力的枷鎖。若已經完成大部分業力命題的療癒，那麼，經由能夠進入晶體體驗的老師在過程中協助，將可以幫助你們更順利地契入自己的晶體中，得到全然的合一意識體驗。

個人晶體的連結是進入靈性源頭的路徑導引，可以將意識連結到自身靈性源頭，展開靈性生命的創造，這是人類處於二元對立線性時空中的靈性成長機會。若能喚醒更多人與自身靈性源頭連結，幫助每一個人回到自己靈魂的家，整個地球意識將可以更順利地揚升至第五次元。

阿乙莎，進入晶體的過程需不需要有任何保護措施？有些人會擔心是否有可能在沒有任何保護的狀態下遭受外靈干擾。

當你們的靈性意識處於不完整或不夠落實扎根在地球的狀態時，有時會在連結更高意識的過程中，被自身恐懼，或是隱藏在潛意識中仍待平衡的情緒能量牽引，以致你們會以為看見外靈或神佛了。那些都是你自己的游離意識呈現出來的鏡像。也因此，在開始練習進入晶體前，除了穩定中軸、暢通脈輪之外，很重要的是必須先淨化和平衡自身攜帶的業力，再學習進入晶體。這是需要循序漸進和深入業力淨化的過程，而最終，你們將可以在校準自身的晶體後，達到與高我意識融合的狀態。此外，你們也可以在契入晶體的連結之前，進行以下兩個或其中一個你覺得自己需要的行前靜心冥想引導。

進入晶體行前靜心冥想一：集中分散的意識，歸於中心

1. 深呼吸，放鬆坐著或站著。
2. 想像你的身體被一圈蛋形的光包圍著，你站在蛋中，受到保護。
3. 接下來，用手從四面八方將蛋形外邊的意識拉回到中心，放進心輪的位置。

4.雙手放在胸前，跟自己說：「我將所有的意識歸於中心，我是完整且受到保護的。」

進入晶體行前靜心冥想二：與大地連結，釋放疑慮和恐懼

1.深吸一口氣，將空氣吸入自己的太陽神經叢——在腸胃和心臟之間，接近肝膽的位置。

2.吐氣，用意念冥想在太陽神經叢的位置畫出逆行三圈的圖形，同時將氣息吐出（逆行是指從肚臍向上往左胸再移往右胸，向下回到肚臍爲完整逆行一圈）。

3.連續進行上述步驟，呼吸三次，釋放自身的疑慮和恐懼，並扎根，與地球連結。

進入晶體和通靈或解讀阿卡西紀錄的不同之處

晶體場域和所謂的通靈或阿卡西場域是不同的。通靈是將自己的意識連結到其他非物質生

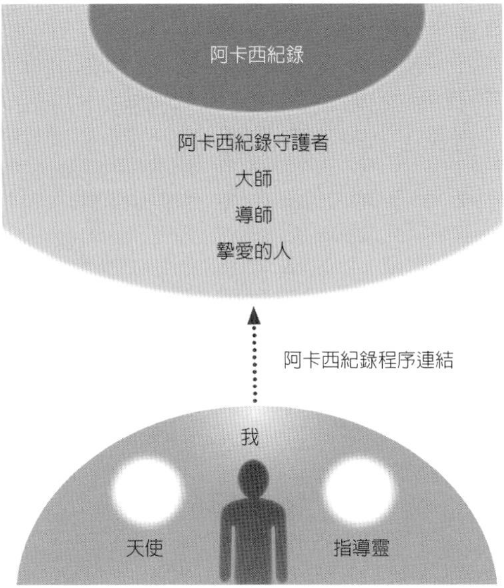

連結阿卡西紀錄示意圖

命體，在人類過去的經驗中，只有少數人得以經由通靈的方式連結。但連上的靈性意識可能來自不同層次，遍及四面八方，也有許多通靈者是在意識不清醒、身體被外靈暫時進入使用的情況下獲得訊息。

阿卡西紀錄則是人類過往歷史中所有意識層的統一場域。這個場域允許全然地存在，所有的一切，相互矛盾的、好的或壞的，以及在有限與無限之間的，這裡所有的訊息在不同的層次中都是眞實存在，並儲存於阿卡西紀錄中。人類可以在有意識的狀態下透過與自己的高我意識連結，得到來自阿卡西紀錄場域的智慧與知曉，也可以透過阿卡西紀錄的連結路徑幫助身邊的親友連結，取得阿卡西紀錄中屬於他的解答。這個場域是開放的統一場，訊息包羅萬象，上至天文，下至地理，如同連結Google雲端資料庫一般，可以獲得超乎個人這一世經驗或集結所有人類集體智慧的最佳解答。也因爲是在開放的空間中，需要學習辨識訊息來源是否正確，並能以無條件的愛支持你在其中得到的來自任何層次的解答。

而契入晶體並不是走向開放式的統一訊息場。這裡是專屬於你自己的靈性空間，是一個更小的、封閉式的場域，透過你的高我指引進入。處於自己晶體中的感受，與通靈或進入開放式的阿卡西紀錄場域中的感受會有明顯的不同，你會在這裡感受到輕盈、明亮、寬敞與清晰的能量。這裡不會讓你覺得肩膀或頭腦昏沉，你反而會感受到讓你呼吸更爲順暢、空氣含氧量更高的天堂氣息。在這個屬於你自己的晶體中，只有你，以及你的靈性大師、導師與靈性家人同在，沒有其他的意識體可以進入你的個人空間，你可以安心地在此與自己的大師、導師、靈性家人暢談。即使你不想交流，處在你個人專屬的晶體空間中就能增加你靈魂的安定與能量，淨化你的靈魂體，抖落你身上的雜訊和低頻振動干擾。

你在自己的晶體場域中是絕對安全的，你的頭腦會處於意識更清明的狀態，意識場則因大師、導師與靈性家人的臨在，如水晶般通透明亮。在此，你不需要進入阿卡西紀錄中搜尋關於自己的一切，所有關於你靈性成長過程的資訊都已經在此讓你擷取。若需要尋求超越自身相關問

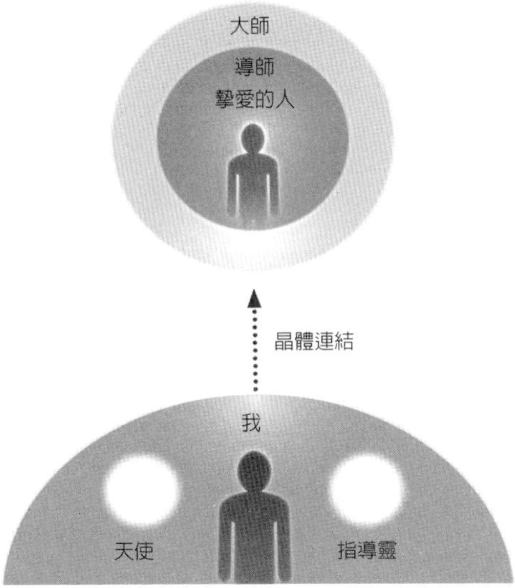

連結晶體示意圖

題的解答，可以透過自己的大師、導師和靈性家人的協助，從阿卡西紀錄中擷取出來；或是透過靈性家人穿越他們自身的晶體，幫助你獲得更多宇宙共同存在意識的協助。大部分與你相關的訊息都已經存在，如同在自己的 Dropbox 資料庫一般唾手可得。這是專屬你一個人的靈魂空間，你不會開放給其他人進來共享，你的靈性大師、導師和家人也不會允許非屬於你的靈性片段侵入或干擾。你與認識的親朋好友或已經離開地球的家人仍然可以透過自身的晶體相互連結與溝通，但這並不代表進入對方的晶體裡。

在晶體中的靈性大師、導師和靈性父母可能不像你一樣擁有物質生命體，也不是像天使一般具備特定的靈魂形體圍繞著你的靈魂旋轉。你可以想像自己處於晶體中時，你的靈性大師、導師和摯愛的靈性家人就是圍繞著你的同心圓外圈的光環，他們的光就是意識群。進入自身晶體的過程就是從自己第三眼後方的松果體核心進入，透過大師、導師與靈性家人的引導，產生光的同頻共振。這個來自你自身和你高我的光連結在一起，擴展成更大的同心圓。每一層光圈代表不同的意識能量，而你與你的大師、導師和靈性家人在這時已是一體的存在。你們以同心圓的方式呈現出屬於你們共同意識存在的光芒，充滿在你的晶體中。

（我相信有許多方式可以契入自己的靈魂晶體，這裡即將介紹的是我自己經由阿乙莎的教導得到的方法。還記得在《阿乙莎靈訊》一書中，我使用阿卡西紀錄的祈禱路徑連結上阿乙莎，開始下載一連串傳訊內容，一直到進入《阿乙莎靈訊》的「宇宙」單元時，透過阿乙莎的帶領，我才第一次契入自己的靈魂晶體中。這個路徑是如何展開，又是如何讓我順利到達的？說實在，我一直都無法取得阿乙莎的正式回答，祂甚至曾開了個玩笑，在我與祂連結，準備進入自己的晶體時，告訴我，跳～下～去～就可以到達。也因此，我過去總是循著阿卡西紀錄的祈禱路徑先連結上阿乙莎，再由阿乙莎帶著我進入自己的晶體。

直到完成《阿乙莎靈訊》的內容下載，我依然是使用阿卡西紀錄的祈禱路徑契入。因為已經累積下載了許多關於如何在晶體中工作的關鍵訊息，在下載訊息的過程中，我時常會在阿卡西紀錄的氛圍裡感受到能量過於稠密和沉重，而不得不中斷訊息的連結。我明白這是因為在開放式的場域中，訊息層次很多，場域較為擁擠，紛紛擾擾的訊息交雜，所以每一次下載訊息後，我需要不斷地與自己的高我再次確認，以免有內容不夠完整就被我中斷的狀況，或是誤植之處。因此，我再度向阿乙莎請求，希望祂賜予我一個不需要經過阿卡西紀錄的祈禱路徑，就可以直接契入自己靈魂晶體的方法。以下就是我得到的靈魂晶體祈禱路徑，可以經由三個步驟讓自己的意識連結高我，然後直接契入晶體中。

在開始學習這個三步驟的晶體祈禱路徑之前，我必須先提醒大家阿乙莎給予我這段祈禱文的前提。這個契入靈魂晶體的祈禱路徑是建立在自身脈輪暢通、中軸穩定的基礎之上，同時，在晶體中的停留時間也跟自己的中軸穩定狀態有關。人很容易被自己的情緒與小我意念干擾而偏離了中軸，此時意識也就會偏離自己的晶體場域，但人們會誤以為自己仍處於晶體連結的狀態，急著想要在此創造出非凡體驗，這樣反而會因為意識偏離，去連結上自身小我意念投射的較低振動頻率，產生誤導自己的訊息。這一點請大家謹記在心。建立自身的中軸基礎是追求與神合一體驗的前提，也是提升自我意識的開始。）

如何辨識訊息內容？

進入晶體時，除了空間場域在身體上給你的感受有所不同之外，你可以透過以下三個層面來判斷自己是否仍處在晶體中。

一、語氣

就像和別人交談一樣，你和自己的高我之間也會產生溝通的默契。當你發現過去習慣的語句或回應方式有所改變時，這份訊息就可能是來自其他的靈性存有，而不是你的高我。此時就代表你已經不在晶體中，可以中斷連結了。

二、內容

高我傳達的訊息內容通常和你的左腦認知有所不同，當你放下左腦的慣性思維，你的右腦仍能呈現順暢的文句與理法時，就是正確的連結，而非來自你個人小我意志的語言。若你發現自己的左腦意識仍以邏輯性的思維包裹著訊息，就已經不是來自高我的訊息了，可能是來自你個人的評估判斷或直覺。

三、頻率

接收高我的訊息時，你的靈魂意識振動頻率會高於身體，在這個狀態下，右腦可能會有麻麻的或振動的感覺；同時，這個頻率會讓你的身體放鬆，全身感到舒適，內在也處於平安喜悅的狀態。若你感受到的頻率讓你覺得腦波混亂、心跳加快、身體緊繃，甚至噁心想吐，可能就是來自低頻能量的干擾。這時請停止接收訊息，起身走走，讓自己的意識落地。

契入靈魂晶體的途徑

方法一：阿乙莎教導的路徑

進入晶體

（以下是我透過阿乙莎得到的直接契入靈魂晶體的方法。這看似簡單的三個步驟已經包含清理校準、向高我祈禱，以及意識帶領進入等三階段，對我自己來說是非常直接準確的到達，而進入晶體的意識移轉過程也很明顯。）

・步驟一：清理脈輪與中軸校準的靜心冥想

1. 閉上眼睛，可以坐著或站著，全身放鬆，深呼吸數次，意識放在自己的呼吸上。
2. 讓意識從最下方海底輪的位置開始往上，在每一個脈輪上用意識正旋三次、逆旋三次。依序完成海底輪、臍輪、太陽神經叢、心輪、喉輪、眉心輪、頂輪七個脈輪的正逆旋各三次，完成每個脈輪的清理。

3.接下來，從頂輪往身體前方畫弧線，往下由海底輪進入中軸，再從海底輪向上貫穿中軸回到頂輪。畫三次大圈後，再反轉，由頂輪沿著身體貫穿中軸，從海底輪出去，再往身體前方畫弧線，往上方由頂輪回到中軸，共三次大圈，完成中軸的能量貫穿與校準。

・步驟二：開啟晶體的祈禱文

唸出以下祈禱文：

1.「我感謝大師、導師和我摯愛的人的臨在。」

2.「請幫助我×××（自己的法定名字），在您的引領下，契入我的靈魂晶體。」

3.「讓我在晶體的聖光中分享大師、導師和我摯愛的人賜予我的智慧、勇氣和慈悲。」

4.重複第二、三句，共三次。

・步驟三：意識契入

閉上眼睛，讓意識向自己眼睛上方的眉心輪移動，並唸誦三遍：

「我現在已經進入晶體中。

「我現在已經進入晶體中。
「我現在已經進入晶體中。」

進行第一個步驟的快速清理和校準時，最好是以站姿進行，讓自己整個身體的中軸可以清理與流動得更順暢。若不方便站著，也可以讓自己輕鬆地坐著進行。第一個步驟全程要將意識放在每一個脈輪的一呼一吸之間，同時進行意念帶領的旋轉。將意識放在呼吸之間可以擴展脈輪的能量場，以意識畫圈旋轉則是在幫助該脈輪提升能量和清理淨化。

脈輪清理完畢就可以坐下，進入下一個步驟。

進入第二個步驟時，當「請幫助我×××」那一句唸到第二遍，會感受到能量從頭頂上方緩緩流進身體中。有些人會覺得頭腦昏沉或肩膀沉重，這時你連結的大師、導師就停駐在心輪後方，雙肩下方的位置。這是你與自己的高我連結時身體會感受到的狀態。

進入第三個步驟時，眼睛閉上，讓意識往上方眉心輪第三眼的方向移動，口中唸著「我現在已經進入晶體中」，這時你會發現剛才的肩膀沉重或頭腦昏沉感瞬間消失，意識移轉進入一個寬廣輕盈的空間。這就是你的大師與導師帶領你移動到晶體的過程，你甚至會明顯感覺到像是搭乘電梯往上方平緩地移動，電梯門打開時，你就已經處在晶瑩剔透的靈魂晶體中。

大師和導師都是一群光的意識體，並不會有形體或外貌讓你看見。因此，在整個靜心冥想、祈禱或進入晶體的過程中，你都不會看到有形有相的人物。他們會以光的意識振動頻率，讓你知曉他們正與你同在。

離開晶體

要離開晶體時，就唸以下的祈禱文：

「我感謝大師、導師和我摯愛的人的引導。

「感謝你們的愛和慈悲。

「我現在離開晶體，回到自己。

「我現在離開晶體，回到自己。

「我現在離開晶體，回到自己。」

唸完之後，可以起身走動一下或做家事，讓自己更落地。

方法二：透過阿卡西紀錄祈禱路徑進入

（下面提供的是透過阿卡西紀錄的祈禱路徑進入自己晶體的步驟。關於進入阿卡西紀錄的教導有很多，也有書籍詳細說明，如琳達．豪兒博士所寫的《如何解讀阿卡西紀錄》這本書就有詳細的阿卡西紀錄祈禱路徑的說明，市面上也有許多課程或參考書籍提供這方面的資訊。

在此提供阿乙莎給我的連結阿卡西紀錄祈禱文，你也可以透過此祈禱路徑與自己的高我連結，獲得來自阿卡西紀錄場域的訊息。）

阿乙莎提供的阿卡西紀錄祈禱路徑

・第一段：光的引導

「我感謝聖靈之光，從我的頭頂上方緩緩向下，流經我的眉心，進入我的心輪。在此，我願意敞開我的心，與聖靈之光連結。」

・第二段：祈請

「喔，聖靈啊！請幫助我在阿卡西紀錄的光中，超越小我意志，爲所有人的福祉，知曉我自己（或祈請人的法定名字）。

「讓我透過阿卡西紀錄，分享來自我（或祈請人）的大師、導師，以及我（或祈請人）摯愛的人賜予我（或祈請人）的智慧、勇氣與慈悲。」

・第三段：開啓紀錄

「紀錄現在已開啓！」

若無法唸誦一遍就進入阿卡西紀錄的氛圍，可以重複念誦第二段祈請文「喔，聖靈啊……」二～三遍，然後再進入「開啓紀錄」階段。

若你已經透過阿卡西紀錄的祈禱路徑成功與自己的大師、導師連結，那麼，當你進入阿卡西紀錄的氛圍時，可以直接請求大師、導師帶你進入自己的晶體。這時，你的意識就會向上方移轉到較高振動頻率的晶體空間裡了。

而要離開晶體，可以運用前面提供的離開晶體的祈禱文，或是唸誦阿卡西紀錄的結束祈禱文亦可。

和阿卡西紀錄的閱讀路徑不同的是，如果你是閱讀別人的阿卡西紀錄，這時就無法同時要求對方的大師和導師幫助你契入對方的晶體中。如之前所說的，晶體是個人專屬的神聖靈魂殿堂，是安全封閉的空間，並不像阿卡西紀錄是開放式的統一場域。因此，透過這種方法進入阿卡西紀錄祈請大師和導師時，只能針對自己的晶體提出要求。

第三章

認識你的晶體

契入靈魂晶體的作用

連結更大的我

當你連結進入晶體時，就可將意識的振動頻率重新調頻校準至更高意識存在的頻率。在此狀態下，你可以從擴展意識後成爲更大的「我」的角度去展開全息宇宙的世界，除了可以獲得生命的導航、療癒自己和此生的關係命題、由此契入合一的意識源頭，更重要的是，在這張全息宇宙的晶柵裡，你的意識產生的振動可以在量子世界裡移動、連結、轉換，最終進入宇宙實相的顯化。

因此，進入自己的晶體就是你的靈魂甦醒的時刻，在晶體中隨著你意識的升起，在量子維度中穿梭，超越時空限制去連結，並擴大意識影響的範圍。除了可以在晶體中認出自己的靈性源頭，以及他們來自哪個星際宇宙，更重要的是，你將親身體驗與他們在靈性層次是不可分割的共同存在意識體。你明白自己是一個永恆的意識存在，於投生進入地球體驗物質的旅程中暫時遺忘了與源頭家人的連結，而你現在可以重新憶起並回到自己靈魂的家園。雖仍無法透過眼睛看見自己靈性源頭的形體，但與更高意識的連結之鑰就存在你的晶體中，隨著你的靈魂DNA解鎖、開啓，你們再次合一，成爲共同意識的存在。

解開靈魂DNA的封印

在晶體中，你因連結到自身更高意識的光，終於打開被封印的靈魂DNA，這是你與自己的更高意識源頭校準時得以重拾的自身之光。這個光經由你的更高意識晶柵，傳送到你處於較低密度生物體的意識中。靈魂更高意識的光啓動的過程，會打開你靈魂DNA的封印，幫助你再次連結和擴展到更高的神聖維度。

人類的集體意識裡有共同的DNA光碼。來自不同星際族群的光碼雖然不一樣，如天狼星的光碼與克里昂或愛莎莎尼的光碼會有些許不同，但這並不影響人類在更高意識的融合與交流，因爲你們在更高的意識層仍是互通的。當你開啓靈魂之光時，會幫助你連結其他同樣來自你靈魂星球的地球家人，這些人也會因你的光芒而開啓與你的連結共振。這是光在量子世界的晶柵開啓必然會有的現象。同樣地，當一群來自相同靈性源頭的意識之光被啓動連結時，也會與其他星際的存在意識相互連結，形成更大的銀河意識群。當人類達成百分之五的人靈性意識覺醒這個目標時，地球就能因這股新的共同意識能量流入，而邁向銀河軌道的揚升。這一切的意識揚升與轉化，就是從你們契入自己的靈性源頭晶體開始的。

創造宇宙實相

進入晶體不是用來滿足更多小我在地球上展現的私欲，當你的意識與高維度的自己合一時，你已經邁向不受物質綑綁的平行宇宙，你的目標不再鎖定擁有更多的金錢或物質享樂。你進入光的世界，看見更大的全息宇宙全貌。你會明白即將邁向的光明之城不是用一磚一瓦堆砌而成的，那是意識顯化的城市，你早已經在那裡生活億萬年，你只是終於回到屬於你們共同靈魂的家園。

在晶體中，你意識的表達就是一種創造。這裡沒有所謂的實驗進行中或等待驗證的對照組，此處是你怎麼想就會怎麼到達的世界。當意識進入晶體，與高我和自己的靈性源頭接軌時，將沒有時間的概念，沒有因與果的距離和時間差，一切的顯化就在當下的創造中，你的意識在此可以得到支持和立即的回應。

進入靈魂晶體，等於獲得個人意識揚升太空船的鑰匙。在駕馭這個邁向宇宙的揚升工具之前，要先了解它的功能和操作方法，同時也要開始進行道路訓練。一切準備就緒，就可以帶著自己航向靈魂生命的旅程，創造宇宙實相，並完成永恆生命的目標和使命。

晶體航行軌道

宇宙是一個龐大的磁引力場，每一個具備生命存有的星球都有固定的磁引力位置反映其頻率。這些頻率交織成宇宙中的磁柵網格，以棋盤狀展開成晶體路徑。當你進入晶體時，升起或下降最基本的動力不是來自爆炸式的火力推進系統，那是你們處於稠密的重力下需要使用的動力來源，這樣才能從A點航行到B點。

當你進入自己的晶體時，是經由斥力與引力交

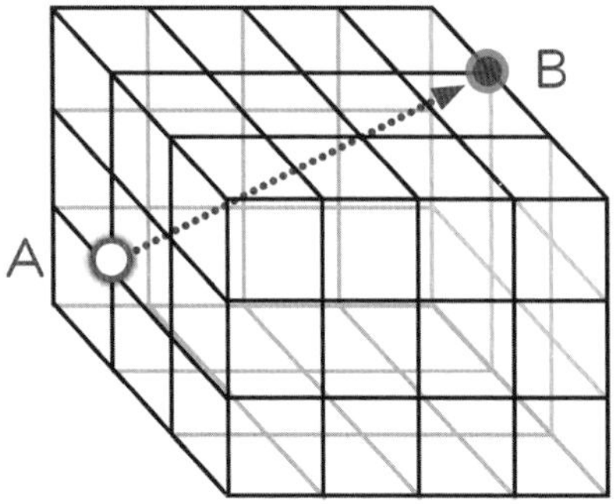

A 點至 B 點相對座標位置

互產生的磁引力，在宇宙磁柵的網格中航行，如上頁圖。

例如從 A 點到 B 點，就不是以平面的相對位置距離換算出航程，而是以一個個晶體的十二面多維度空間位置計算出軌道。假設 A 點處於三次元的座標（x, y, z），B 點處於五次元座標（a, b, c, d, e），就從這兩個相對的晶柵網格空間最短距離計算從三次元 A 點跨入五次元 B 點。若只是繞著 A 點的地球位置繞行地球一週，是無法跨次元到達 B 點的，但以晶體磁力柵線空間內位移，只要數秒鐘就可以到達。不過，這樣的到達對地球上的人類來說，會產生兩種可能的地球時間錯覺，一種是相對 A 點更久遠以後的時間，一種是時間軸位移，到達 A 點過去的時間點，以致有時光倒流的錯覺。而你在晶體中的動力來源就是心輪發出的功率，目前地球上的人類只能達到五次元的位移，若要到達更高的次元位置點，需要透過輔助工具。

你可能會覺得奇怪，爲何當你進入自己的晶體時，可以帶你去感知第九次元的存在情境？那並不是從你自己的晶體到達的，而是透過你的晶體連結到你身上高次元靈性源頭的空間位置，在那邊透過靈性存有的許可，跨入你的靈性源頭所處的晶體才能到達。

每個人都有獨立的十二面體晶體。然而，晶體雖獨立，卻又因磁引力彼此連結，形成星球或宇宙共同體晶柵系統（如左頁圖）。

連結契入你的晶體時，要使用第三眼松果體去感知這裡的一切。使用第三眼時不妨閉起眼睛，才不會因物質環境的訊息連線到大腦造成干擾。閉上眼睛的時候，雖然暗無一物，但這時會開始啓動第三眼的感知，連結到心輪，與你個人晶體內的通訊系統連線。現在你明白，你就是自己晶體裡的正駕駛，而有了個人晶體，駕駛也入座了，接下來就是開始檢視晶體的能量是否齊全。

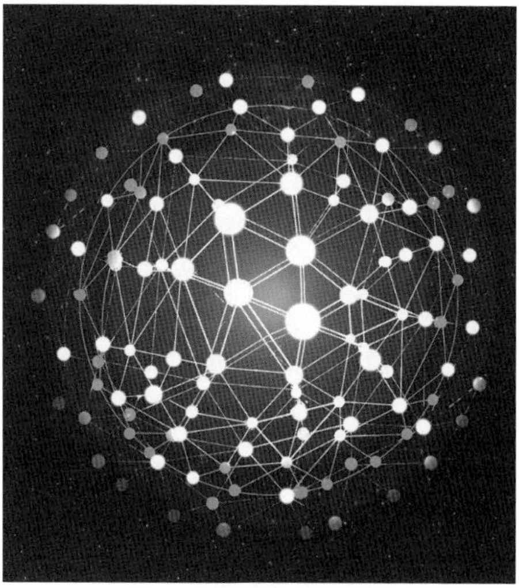

宇宙共同體晶柵系統

打開第三眼，檢視能量

下頁圖是將你晶體內的位置分成五大區域，每個區域分屬不同的宇宙元素：

地↓土元素↓黃色

金↓金元素↓金色

水↓水元素↓藍色／黑色

風↓木元素↓綠色

火↓火元素↓紅色／橘色

首先要透過第三眼檢視自己晶體中的土、金、水、木、火這五大宇宙能量基本元素是否全數備齊。

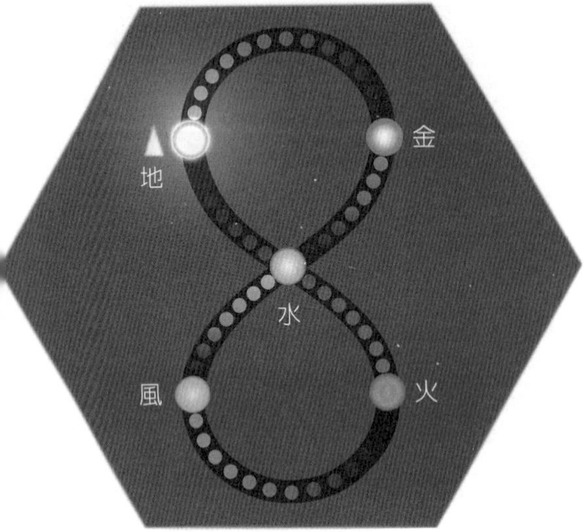

晶體能量檢視

檢視的方法就是用第三眼從左上角的土元素開始，以8字形依序掃描，第三眼到的區域會呈現出該元素的光。每個區域停留五秒鐘，然後逐漸加速，持續畫8，同時掃描每個位置的光，反覆進行，逐漸將在每個元素位置停留的時間降爲三秒，兩秒，一秒。

若是第三眼掃描到的位置仍是黑暗無光，就代表那個元素尚未具足。你可以運用呼吸，以手指操對應的五元素系統（請見五大系統

五大系統示意圖

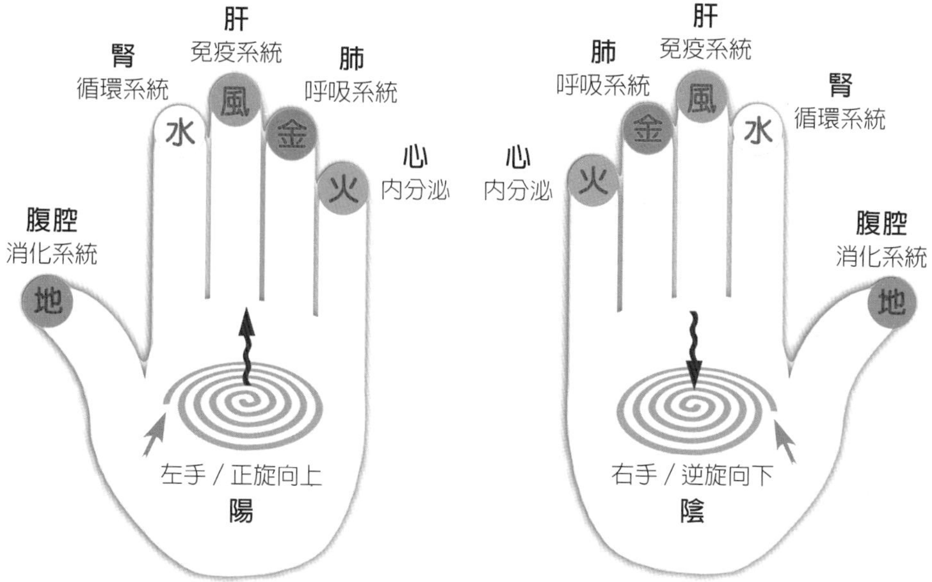

示意圖），去加強那個位置的能量，直到掃描時五大元素的光都可以出現為止。

例如，若掃描到中央「水」的位置時沒有出現藍色光，可以用一隻手去握住另一隻手的食指，加強水元素的能量運行。像這樣用第三眼去掃描晶體的每個元素，同時可以幫助你校準與平衡身體的中軸系統，達到身心靈的協同平衡。

當所有元素的光全數到齊，就可以將第三眼錨定晶體中央。這時，你的晶體已經準備啓動，你會發現中央出現一個融合你身上五大元素的光、屬於你自身的光暈組曲。這個光暈不斷融合變化，你將可以看到代表你的宇宙光，色彩比你在地球上看到的極光更加迷人。這融合你自身能量的宇宙光就是你的晶體發出的光，現在你可以先好好享受，並融入你個人晶體專屬的宇宙光。

（這時，我看見玫瑰紅、紫紅、瑪瑙紅、紫羅蘭等顏色的光，非常美麗，從沒看過這樣漂亮的顏色組成。色彩會隨著光的波動逐漸變化，主色系就如同下方這些繽紛的色彩不斷幻化組成的一團光暈，在晶體的中央旋轉著。）

晶體中央的旋轉光團

清空晶體雜訊

進入晶體中看到的色彩，就是你身上的五大元素呈現的彩光，不會有任何具象的實物。你若是看見了具象的晶體或人事物，表示你的靈性片段記憶被喚起，那不存在你目前的晶體中。你深深陷入某個靈性記憶裡，試圖穿越進入那個時空，找回自己曾經擁有的記憶片段。如果遇到任何具象的實景或人事物，就當成是在觀看自己內心投影的紀錄片段，看見了，知道了，電影結束，用意念告訴自己：「**我現在需要清空我的晶體空間，讓我回復我最初始的面貌。我請求讓我自身的光再次閃耀！**」然後靜靜等待這些景象逐步消失。你自身的宇宙光會回復初始設定，回到屬於本我的晶體中。

自己身上的五大元素融合出來的光，色彩會不斷變化，隨著你的意念改變，同時會集結放射出不同光的組成。這些光都攜帶著能量，也可以經由這些光的組合創造宇宙實相。每一個靈性組成都有特別的元素及特質，也就是每個人身上的光的組成都不同。當你進入自身的晶體，就是進入光的世界，宇宙的存有透過你晶體的光知道你身上淬鍊出來的獨特品質。每個人都有自己的獨特性，沒有一道光是一樣的。

你身上綻放的光與進入宇宙的維度息息相關。光的波長決定維度，當你身上的光到達無條件的愛的振動波長時，你的靈魂意識就能契入基督意識，也就是神的維度。

你也可以透過另一種方式跨越地球維度，到達不同的宇宙空間。你的光可以連結自身的靈性高我，高我就是你的靈魂指導師，或是目前存在於其他維度的你的靈性片段。即使自身的意識無法到達，你仍然可以透過連結指導師和自己的靈性片段，幫助自己到達不同的宇宙維度。

同樣地，目前處於不同宇宙維度的靈性存有要進入地球維度，也是需要調整自身光的波長，才能進入地球。但若不具備如同人類生物體的行動載具，宇宙其他維度的存有只能透過與人類的意識連結、溝通，或是選擇將自己一部分的靈性片段重新投生到地球上，才能行走於地球維度體驗和創造。

人類已經可以收到來自不同維度不同宇宙種族的訊息，這裡就不一一列舉了。這主要是源自一個共同的期待，希望幫助地球順利進入第五次元的軌道。地球已經邁向第四次元，許多人類正在憶起自己來到地球的目的，很多新人類正帶著需要完成的工作項目投生在地球上。你們都是爲了再造一個更美好的地球而來的。

你們現在的想法已經漸漸脫離傳統價值觀的制約，不論宗教、政治、經濟、教育和文化，都在回應這個轉變。這樣的轉變正快速蔓延開來，這是集體意識覺醒的時刻，當你們清醒之後，就不會再盲目向外尋求，而是會回到內在，與自己更高的靈性意識連結，展開新生命的再造階段。

意識振動產生光的折射，可以創造實相

接下來要進入光的世界的操作原理。晶體內沒有任何儀器設備，你只需要知道如何調節晶體中的光。從內在晶體創造出相應的波長和振動頻率，與宇宙各次元溝通和連結，就是透過光進行的。也可以把這種溝通稱爲「光語」，這是由不同光的振動頻率和波長組成的語言，經由光的連結和轉換來溝通和交流。

操作晶體的最根本動力來源就是人類的意識。人的意識本身具有振動頻率，透過地球所在行星系統中的恆星——太陽的熱能反射而產生光。這個意念振動頻率會連結並啓動宇宙基本元素，交互作用後產生特定光的波長，然後這個來自你意識的振動波就以光速發射進入宇宙，得以和宇宙存有進行光的溝通。

當你能夠進入個人晶體中，和你宇宙高我的光連結之後，你更高維度的靈性指導師和靈性片段就得以接收你在地球上產生的意識所發送的光語。你們並不需要使用共通的語言交流，透過光的溝通，就可以讓彼此的意念無縫接軌。同時，你也可以藉由這層與高次元維度的連結，創造你所處的地球的新實相。

你可以經由自己的晶體，與高我聯手創造自己的實相。你的意識就是顯化地球實相的開端，透過與高我連結，你可以取得宇宙無窮盡的資源，將自己的意識再次擴大融合或轉化成一個比你自身更龐大的光體，綻放於地球和宇宙中。

不同的光呈現不同的折射波

現在，來看看什麼樣的光會帶來什麼樣的結果。當你發送波長最長最遠的紅色熱情光芒時，可以觸及最遠的宇宙，也就是當你跟隨內在的興奮而綻放紅色的光時，你將能夠得到宇宙的連結回應；而當你處於無條件的愛的白光，就可以照耀宇宙一切的存在；若是你保護自己，爲了自身利益彰顯權威，極盡所能地吸入周圍所有的光，就會組成黑色。

以下是光的顏色的能量意涵。

顏色	能量	波長／nm（肉眼）
白色	無條件的愛	無法估算，是反射所有光的組成（放射）。
紅色	慈悲、神聖	700
橙色	溫暖、活潑	600
黃色	明亮、健康	570
綠色	愛、和平	520
藍色	冷靜、真理	470
紫色	高貴、正直	410
黑色	權威、黑暗	無法測量，是吸收所有光的組成（吸收）。

資訊來源：網路

這裡所指的波長適用於物質身體的眼睛可以見到的波長範圍，而你用意識進入晶體時產生的波長會是物質世界波長的上萬倍。但因爲透過晶體連結進入不同星際存在次元的振動頻率不同，會創造出不同的宇宙光網絡。

這麼說來，若吸收所有的光，是代表黑暗的能量嗎？

黑色也是宇宙的必然現象，當宇宙折射出色彩繽紛的光時，也同時照亮了宇宙的黑暗，就像你所處的二元世界有黑就有白，是同樣的道理。但這些光也只能以黑暗爲背景，才得以展現閃耀光芒。當愈來愈多的光芒匯聚在一起，會漸漸形成黑色與白色的兩極世界。黑色代表吸收，白色代表放射，宇宙的動能就在這一呼一吸的收放之間源源不斷地再生和演化。

黑暗是一股不容小覷的能量，它可以切割新世界之前的混沌，帶來新秩序出現前必要的破壞與重整。其實，你們自身每一個靈魂DNA中也有這股能量，才能讓你們的生物體細胞不斷地汰換與重生。只是，你們在生命的體驗過程中可以自由選擇是要站在放射自身的光，或是吸收所有光的位置。

我們現在認定的好人就是站在放射光的白色這一邊，壞人則是選擇站在吸收光的黑色那一邊嗎？

這是你們人類給自己的限制性定義。我寧可說，所謂的好人或壞人的生命中都存在著所有的光，你們只是選擇了想要以什麼方式體驗生命。任何人都無法被以黑色或白色簡單定義，你只能如實呈現自身的光，來完整自己的生命應有的體驗。

| 第四章 |

晶體導航

接下來，要進入晶體導航的學習。

靈魂覺醒之後，正需要開展你們的生命全貌，經由靈性更高意識的帶領，展開你們生命藍圖的軌道。否則，人類即使覺醒，仍會因小我的拉扯和整個地球的沉重引力，再次進入物質欲望、生老病死的沉睡循環，靈魂的覺醒就又成了曇花一現，這也是地球不斷沉淪的主要原因。你們總是隔著宇宙的簾幕，無意識地生活在地球上，載浮載沉，渾然不知在宇宙的簾幕之外，是你們精神世界蓬勃連結的訊息場。一旦覺醒之後，要學會持續地連結進入源頭，不再只是追求地球遊戲場的累積點數。

邁向靈魂永恆存在的道途，你們累積的不僅僅是在地球上的學習，而是讓靈性生命持續綻放。若是無法連結源頭，你們在地球上就會進入不斷輪迴、反覆遺忘再憶起的過程。靈性永恆生命的學習是不會遺忘的，這也是人類跨入靈性覺醒的眞諦。眞正的覺醒是爲永恆生命開展偉大的藍圖，不論你身在哪個地方、哪個次元，你的生命之花都可以不斷擴展、連結和綻放。

然而，人類要展開靈性生命，需要學習如何操作，我們現在就要帶著你去認識自己靈魂旅途的操作方法。雖然每個人攜帶的靈性源頭不同，也可以展開不同的生命全貌，但一些操作方法和路徑都是依循相同的架構和原理。我們經由帶領你，讓人類得以循著同樣的路徑，找回自己的靈性全貌，和自身的靈性源頭生命體共同創造。即使你僅用文字來分享這個操作方法和路徑，但別忘了，地球人類在更高的意識存在次元是一體的，只要有一個人覺醒，就可以將覺醒的振動意識帶給全體，一起迎向覺醒之路。

進入晶體的操作方法

設定意念

還記得之前你進入自己的晶體時，是不是運用意念就可以到達你的靈性源頭，並獲得與問題有關的知曉？人的意念擁有振動頻率，折射出來的光足以產生方向和目的地，因此，**意念的發送**是設定晶體中軸非常重要的開端。若你的意念沒有指出目的和方向，就無法產生光的移動座標，因而無法到達。

舉例來說，當你提到「請帶我去列木里亞」，這個「帶我去某某地方」是有目的性的，而列木里亞又是個明確的方向，因此，這個意念進入你晶體的中軸錨定，你的意識就順著中軸的光到達列木里亞，讓你得以連結列木里亞整體共同意識的存在體。

另外，當你提及「請莎雅帶我去列木里亞」，你的目的就不只是到達列木里亞，而是由莎雅指定在列木里亞的位置。所以，在意念中置入條件式的請求是可以的，那也是在設定座標參數。

無法成功在晶體裡移動的原因很多，以下是一些常見的狀況。

- **中軸不穩定：**中軸同時關係著通訊的連線品質，一些小我或業力的干擾是讓中軸無法穩定最常見的原因。此外，也可能是身體健康方面的因素讓脈輪阻塞，造成中軸不穩。
- **小我的意念：**自我更高意識源頭無法支持那些僅滿足小我原點的目的和方向。例如，「我要在地球上擁有富足的生活」是小我生活在地球上發出的意念及渴望，而其更高意識源頭無法在更高的宇宙次元設定讓光的投射回到自身的座標原點，自身的更高意識源頭只能在晶體可以顯化的空間進行光的連結。若這個意圖是爲了整體生命的存在而設定，就可以從更高的源頭連結顯化，並讓利益回到自己在地球的生活，即使這是出自小我想要利益自身的意念，仍可獲得源頭的支持和幫助。只不過，這需要透過利益他人及整體的過程，返照迴向到自己身上，因此，唯有在小我發出的意念能夠拉高其層次爲請求利益整體時，才得以顯化。

徑。

- **意念夾雜多重意圖：**若一個意念中有多重意圖，就會因目的地不同，無法建立正確的路徑。
- **意念與自身無關：**如果一個「想要幫助別人取得宇宙源頭資源」的意念投射出去，會因為自己的晶體源頭和此人並無直接連結，或者，雖然可以連結上對方的晶體源頭去感知，卻因為無法進入對方的晶體中軸錨定目的地，而無法建立路徑。
- **不眞實的意念：**當你發送出不眞實的意念時，自己所處的原點（立基點）就無法穩定，而這個無法確定的原點就沒辦法建立晶體的光譜路徑。

起點：辨識自己的晶體環境

每個人認知自身晶體的方式都不同，有些人可以用第三眼看到全貌和實景，有些人是看見色彩和光，也有人會經由耳朵聽見頻率的變化，或者，有些人是無法看見、聽見，卻有個明確的知曉進入心中。身體如何回應對自己晶體環境的認知，和每個人大腦的習性有關，因此，一開始在練習進入和熟悉自身晶體環境時，就需要不斷地確認。只要進入晶體時一再出現同樣的身體回應，就可以確定這是進入自己晶體的感知方式。

能夠辨識出「在」晶體中的狀態，才能進入跨次元的旅程，因爲在晶體旅程中會由身體感知到不同空間的變化。而認知自身晶體的覺受，是可以幫助辨識已經進入不同空間次元的對比依據和起點。

結束：離開晶體

每一次結束光的旅程，只要深呼吸，讓意識回到自己的身體，或是唸一段離開晶體的祈禱文就可以了。

若需要更加清楚地確認自己的意識已經回到身處的地球，可以用右手握住左手大拇指，深呼吸一、兩次，意識就會落地。

另一個方法是用雙手按壓肚臍，同時將意識帶回自己的肚臍，意識就會離開晶體，回到身上。

停留：超越線性時間

在晶體中的靈性旅程並沒有限制可以停留的時間，有些人甚至在沒有外在或小我意識的干擾下，可以在自己的晶體裡遨遊數年的地球時間。你們只需要確認自己身體所在之處是安全無虞的，同時可以滿足身體的代謝和補充元素需求，就能讓意識一直存在晶體中。

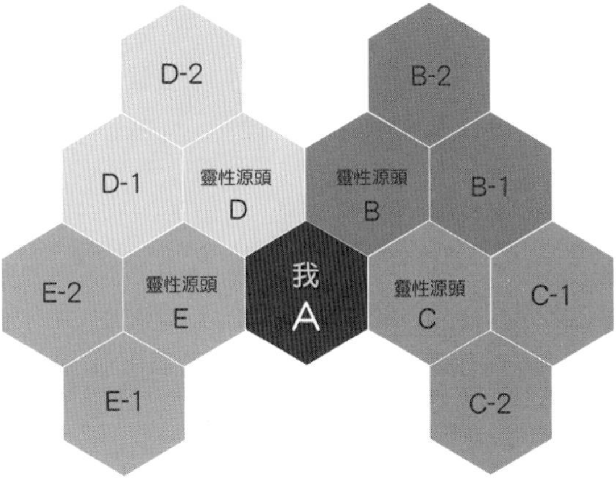

路徑導航：穿梭宇宙時空

進入自己的晶體時，你會發現你靈性源頭的晶體和你是互連的（如上圖）。

你從自己的晶體（A），就可以透過進入與自己有關的晶體源頭B、C、D、E，跨入宇宙次元的旅程。從A跨入B、C、D、E等和自身相關的晶體，並不需要經過允許，透過自身意念即可到達。而從B要進入靈性源頭

C，要先回到自身晶體A中，再從A前往C。在A晶體的結構中，A的靈性源頭涵蓋B和C，但若要從B進入C，是以B為中軸進入，而這個由B進入C的連結就和A的中軸無關。你無法取得和自身晶體A相關連的C的相關訊息，同時，B和C也不一定是互相連結的關係。

而進入靈性源頭B，要再去探索靈性源頭B-1、B-2時，就需要經過靈性源頭B的允許才能進入；進入時，也必須經由B的協作與帶領。而當你從自身晶體A進入B時，所展現的B的整體意識存在，若要再進一步了解B的整體意識的全貌和組成，就需要透過B的源頭意識帶領，去展開B的整體認知系統。

在光中的旅行是處於跨越宇宙次元的空間。如果你將地球的天空用經度和緯度畫出一格格的網柵，你所在位置的這一點，就是目前你的晶體發射光的定位，如北緯某某度、東經某某度，這個座標是A點的定位。若你要前往比地球次元更高的星球，就必須進入你的晶體中，從光的定位A點設定到B點，而B點不會僅有經緯度，而是會有星座，以及該星座相對於最近的恆星的位置所產生的座標，然後是目的地的座標：（星座；恆星；x, y, z...）。

想要了解B點的座標定義和要去哪個星球，對沒有學習過這方面知識的地球人來說是不可能的事，但沒有關係，所有的宇宙人都同樣不清楚。有個最簡單的方式可以解決未知世界的錨定，就是用你的意識設定你想要去感知的地方就行了。這就是全息宇宙的運作機制。每一個意識存在都已經內建了宇宙全息地圖，這個地圖是光的存在不斷更新並共同儲存在宇宙全息網格裡的。

你的晶體是反映你身上的五大元素，集合成你專屬的光，這道光就內含關於你的所有訊息，包括你曾有的經歷、你的意識體和身體存在的位置，還有你曾經投射出來的所有意念，這些訊息都貯存於你自身的光中。而這道光攜帶的晶體粒子已經儲存了所有資訊，也包含整體宇宙全息圖資料庫。所以，當你用意識投射要前往的地點，這個資料庫會自動運算出座標，讓你從自身所在的A點出發，到達目的地B點。

只要進入自己的晶體，你就已經坐在龐大的數據資料庫中。若你需要和位在地球某端或宇宙某個次元的生命體溝通，你的晶體會將你需要的資訊擷取出來，放在你的晶體圖書館中供你查閱。所以，是你自身的光在宇宙中旅行和連結，幫你找到你需要的資訊，讓你在宇宙間穿梭、溝通。你需要操作的部分是讓自身的光攜帶著你的眞實意圖發送出去，然後你就可以取得宇宙無窮無盡的知曉。

第五章

探索全息宇宙

從晶體探索宇宙

初探自己的靈魂晶體時，你可能會發現來自晶體場域的回答會出現多種訊息形式。訊息可能會以明確的知曉進入心中，也可能是一段故事情節、一個身體上的感受，或是只有一個圖像等等。若是訊息本身讓你無從理解，你可以請求自己的大師、導師和摯愛的人進一步說明爲何是這個訊息或圖像，詢問能否以讓你更容易理解的方式呈現出來。這些訊息會在你逐漸熟悉自己的晶體場域感知的過程中愈來愈清晰，同時，你也將透過自身的靈性源頭，開始邁入專屬於你的靈性學習路徑。

首次進入晶體時，你不妨提出以下問題，幫助自己探索生命藍圖的全貌。

一、你靈性源頭的組成有誰、分別來自哪裡。

二、請求你的靈性源頭帶你去體驗一趟穿越宇宙時空之旅。

三、你此生需要學習的生命課題或來到地球的目的是什麼。

四、你具備什麼可以幫助你達成使命的天賦才能。

五、深入探索你靈性源頭的晶體可以連結到哪些宇宙次元或行星群。
六、從更高意識之眼看見你靈魂最高的使命是什麼。
七、從更高意識之眼看見地球亟待解決的問題，以及你可以做些什麼來幫助地球。

穿越時空之旅

（坐在室內有光線的位置，閉上眼，深呼吸三次，用第三眼開始畫8——左上角黃光，右上角金色、白色光，中間藍光，左下角綠光，右下角紅光，依次檢視。第一回合仍然看不見中間的藍色光，左上角的黃光也不太明顯，左下角的綠色則不太穩定，只閃現一下。我用手指操加強缺乏光線那個位置的元素，持續做了大約五分鐘，終於看到中間的藍光出現。接著，在所有的光都齊全之後，將第三眼錨定晶體中央。等到我熟悉的瑪瑙紅、紫羅蘭這些顏色出現，我確定自己已經在晶體中了。

接下來，我請求晶體帶我去列木里亞。我熟悉的晶體顏色瞬間變成黑暗無一物的空間，明顯感覺到意識移轉，我猜想應該是已經來到列木里亞。我用意念請求帶我去看這裡的太陽，希望這裡的陽光可以給我一些空間裡的色彩。結果，雖然我無法明確看見形狀和顏色，卻可以知曉這裡的太陽是一顆非常巨大的礦石，類似白色的水晶，而這顆白水晶礦石的光是列木里亞人身上的光反射出來的——也就是說，所有列木里亞人將自身的光投射到這顆水晶上，照亮這裡的一切。這顆太陽明亮而不刺眼，在溫柔的光暈籠罩下，整個環境很溫暖，不會像地球那般炎熱。

初探了列木里亞的景象之後，我想直接去天狼星看看。結果，我在晶體中得到一個知曉，明白我無法直接從列木里亞前往天狼星，必須先回到自己的晶體，再從晶體重新設定，出發到天狼星。

我依循這個知曉，先回到自己的晶體，再設定進入天狼星。這次回到晶體後，我就沒有重新確認每個元素是否到位，因為晶體中的色彩已經恢復原來的瑪瑙紅和紫羅蘭，是我認得的光，於是我直接向這個光請求讓我進入天狼星。

才三秒鐘不到，同樣有意識瞬間移轉的感覺，我的身體明確感受到嚴肅的氛圍——也就是說，即使是從地球到第九次元的星球，也非常快就到了。

然而，這裡實在是太專注又嚴肅，因此，我發送出一個意念，想找我的靈性源頭片段雷巴特帶我去看看這星球上最好玩的地方。他帶著我瞬間移轉至一個巨大的太空艙前面，這個太空艙底部有非常明顯的五星形狀（如下圖）。

我問雷巴特這是什麼，他說這是他們星球上目前最受歡迎的體驗館，可以容納上萬人，但並不是電影院，而是讓你身歷其境。在裡頭，天狼星人可以去體驗人類世界的各種情緒，這就是天狼星目前最好玩的遊樂場。

哈哈！我實在是很想笑，原來地球人身處的那個每天各種惱人情緒噴發的世界，他們卻覺得是非常好玩的遊樂場所。我們地球人如此幸運地住在遊樂場裡，還不自知。

接下來，我回到自己的晶體，結束五分鐘的光之旅程。但是在這短短的五分鐘裡，我可以看到、感覺到、體驗到的資訊還真多呀！）

太空艙底部的五星形狀

阿乙莎，爲何我在列木里亞不能直接前往天狼星，要先回到自己的晶體？

我之前跟你提過，你的起始 A 點是定位點，定位後才能取得 B 點的相對位置，然後從自身的光發射進入。而光的照射永遠是直線的，若從 B 點進入 C 點，就無法從 C 點回到你晶體的 A 點，你將失去原點定位，而你的晶體是無法將 B 點當成定位點的。

我還是不太明白，但我先聽話照做，以免回不了家。

放心，不會回不了家，只會在從 B 點要前往 C 點時，無法到達，只能停留在 B 點，或是回到 A 點原來的地方。不要嚇人，讓別人不敢學習了。

哈，對不起！我會注意我的用語。

阿乙莎，我剛才幾乎是幾秒鐘就可以到達，而這個光速般的前進，是用我的意識在自己的晶體中完成的。但是，這會不會是我們自己的想像，因爲這些景象無法證實。

你看到的這些景象都尚未顯現在地球實相裡，就算是你幻想的景象好了，若你願意去做、去實踐，地球就會顯化出那個實相，因爲你就是誕生於地球的創造者。同樣地，其他星球的存有透過他們自身晶體的光來到地球，也同樣會學習地球人值得學習的優點，然後帶回自己的星球去創造、顯化。目前地球上的許多器械工具、造形原理，有不少也是光的旅行者去星際旅遊後得到的靈感。只是，那些創意發想的人自己還沒有理解這些神來一筆的創造是來自眞實的光之旅程。

你有沒有發現，在列木里亞和天狼星，除了你呼叫的雷巴特之外，其他的人都看不見你，你已經化爲一個光之存有。同樣地，在今日的地球上，也存在許多你們肉眼無法看見的光之存有；若再仔細觀察周遭環境，你會發現地球上許多甜點美食上面都有光暈，因爲星際的存有特別欣賞地球人做的甜點，常來參觀取經。你現在會更加明白，光之存有無所不在，當我們成爲光，可以在宇宙跨越時空和次元，自由地探索，取得知識和經驗。但是，如果你想要顯化和落實你的所見所聞，就必須選擇某個星球，成爲那個星球的肉身或存在意識，才能再次創造和顯化。你在光中遊歷時，是無法進行創造的，只能隔靴搔癢，當個旁觀的旅人。想要創造與顯化，就必須扎根成爲那個星球的存在體，你才有權利去創造和落實。

透過光的旅程，你可以將在宇宙中得到的知識與美好體驗帶回自己的星球，但別忘了，你的生命體所在的位置才是你能夠創造的園地，是你的晶體得以眞正發揮的場域，透過光的旅程，引領你走進生命的創造旅途。你不妨去找出自己生命最初始的目的，去看看當時你所處的環境欠缺哪個元素。

祢指的元素，是金木水火土等五元素，或者只是形容詞？

是五元素。

那麼我再去找找線索。有沒有更快的方法讓我知道？我自己去探索都是走馬看花，如果有人直接給我看我需要知道的原因，就更快了呀！

你只要問自己的靈性源頭莎雅，她就會直接讓你看見你需要明白和體會的事。

（我直接用意念呼叫莎雅，請她帶我去了解為何我要來到地球。大約三秒鐘，光的顏色改變，轉變為黑色和冷色調，原來的紅色不見了，我想自己應該是來到列木里亞了。然後，我突然覺得身體的正前方很熱，像是站在溫泉池前面。這個溫度已經超出我們覺得舒適的體感溫度，是應該要開冷氣的狀態。我問旁邊的莎雅，這裡怎麼那麼熱？）

莎雅：這就是你必須去地球的原因之一。地球人類肆意破壞大自然，汙染水源，讓海底生物生病，空氣汙染又造成更嚴重的大氣層破洞。地球上的陸地是人類生活的場域，但海水的底部就是列木里亞的陸地，海水溫度上升，已導致我們的陸地上不斷冒出熱泉，類似你們的火山爆發，海底的火山也不斷噴發，流出的岩漿造成海底生物死亡，也導致我們生存陸地的土壤變質，而氣溫就如你目前感受到的狀況。

海豚是我們派遣至地球的先遣部隊，牠們會回傳海底的訊息，警告我們哪個地方即將噴發熱泉，我們就會跟著海豚遷移到安全的區域。但目前海豚的生存環境也愈來愈惡劣，如果失去與海豚的密切連繫，我們就必須更積極地與人類溝通協調，改變人類的生活價值觀，終止人類破壞大自然和海洋生態的行爲。

列木里亞人已經進入第五次元，可以跟更高次元的存有交流互動，因此我們去尋求天狼星高度文明的協助，利用天狼星的生物科技，幫助我們讓更多靈性生命進入地球生活，希望新人類能夠影響地球人類逐步提升保護海洋和大自然資源的生態意識。我們有許多靈性片段已經在地球上生活很久了，但在地球不斷追求物質文明的集體意識下，許多靈魂雖然來自列木里亞和天狼星，卻仍然沉睡或無力反抗。我們需要喚起這些人，讓他們連結上自己的靈性源頭，進入更積極的共同創造。你之前在練習進入晶體時，是否也發現你身上一直很缺乏水元素？你要加強水元素的能量場，才能順利地和我們連結。

我：是的，你說得一點都沒錯。我也覺得很奇怪，每次最中間的藍色都出不來，要握住手指畫 8 兩、三次，才會慢慢出現。

莎雅：回到地球上的生活，去關注自己身上的水元素是否改善，從你自己的身體就可以了解你們是正在進步或退步。地球整體的水元素是必須改善的。

我：所以，我只要把自己生活中需要用到的水資源整理好，就是在幫助地球，同時幫助列木里亞？

莎雅：是的，你和所有我們植入地球的人類都如同海豚，是我們設計出來改變這個世界的種子。只要種子能生活在地球上，健康地成長茁壯，整個地球就有救了。

我：好的，我明白了。不必把自己說得多偉大，要去救地球、救全世界和宇宙，我只要認出自己身上欠缺的元素就行了。若能將自身的元素補足，就代表整個地球的狀況漸漸回歸正常。如果每一個地球人都能看見自身的元素出現狀況，將自己不足的水元素補好，這個地球就可以復原了。看起來，改善水元素是我應該要去做的，我過去總以爲天然資源事不關己，那是環保人士和政府的責任，現在你要我回到自身的元素平衡，做好自己該做的功課，才不枉此生，這個題目很大哩！謝謝莎雅，我明白了，這是地球上所有生命體共同的功課。讓我帶著這份理解，回到現實的地球好好研究一下。

＊　＊　＊

探尋列木里亞，我看見了自己缺乏水元素的原因，也帶回一份新的理解：平衡自己身體的元素，就可以幫助我們生存的環境。順著這份理解，我想再去深入了解該如何做。

你身上攜帶的，不只是來自靈性源頭的問題和功課，也包含你完成這項功課所需的知識與資源。列木里亞人是同樣生活在地球上的生命體，他們懂得如何請求更高次元的協助和支援。透過與天狼星的合作，列木里亞人獲得新生命的種子，回到地球表面生活，這個配置最主要的目的是爲了幫助解決目前地球環境遭遇的問題。你身上已經攜帶了天狼星回應列木里亞人的請求而提供的解決方案與祝福，現在可以進入自己的天狼星靈性源頭，去了解當時這個問題是怎麼被看待的，還有天狼星建立了什麼樣的機制來幫助地球復原。若你可以看見當初自己生命的種子計畫，就等同找回了自己生命最初始的設定。

嗯！我知道了。我好像突然找到被遺忘的藏寶圖，現在要循著這張地圖去尋找源頭的答案。我現在就去問一下雷巴特吧！

* * *

（我感覺晶體瞬間就轉成白色帶點灰色的光，是雷巴特直接帶著我進入他的晶體，我們已經在天狼星的實驗室中。我開始詢問雷巴特，當初列木里亞人來請求解決地球水元素的問題時，他們是怎麼想的？）

雷巴特：地球的氣候和生態問題最根本的原因，是人類的健康出現問題。因爲追求物質文明，人類肆意破壞生態，造成環境汙染。還有人類使用的藥物對治疾病的方式，造成人類的身體失衡，而當身體的運行失衡，就會產生負面情緒體。這些負面的想法會導致憂鬱、恐懼、懷疑、自私等心態，人類的意識體就開始混亂了。而爲了控制身體健康，又大量使用化學藥物，於是產生更多化學藥物干擾之後的無意識行爲。地球環境遭遇的問題就是因爲人類切斷了與大自然的溝通能力，做出許多無意識的破壞行爲。想要改造並恢復美麗的地球原貌，要從恢復人類的健康著手。

人體有百分之七十是水分，水可以說是最重要的身體元素。將人類每日會使用到的水進行完整的元素配置後再使用，就可以幫助恢復人體健康，並淨化整個大地。而所謂「完整元素配置的水」，就是將水以外的其他元素——土、金、木、火——都補足。缺乏某個元素所產生的水，不是完整配置的水。完整元素配置的水可以幫助提升人體的免疫力，同時，人的意識體將可以跟大自然重新連結上，恢復有意識的行爲，讓地球逐漸恢復本有的樣貌。

（從這段與雷巴特的連結中，我更清楚地知道人與環境是如何相互影響，而人的身體能量基本元素與大地是相通的，當地球的五大元素失衡，人也不可能獨善其身，健康地存活在地球上。幫助地球就是幫助人類自己，只是要從何開始做起，我還需要更深入去探索。）

深入探索靈性源頭的旅程

探索 Rachel 靈性源頭之一——列木里亞

（我進入自己的晶體，從畫 8 開始，大約進行五次，逐漸看到每個顏色都具足了，進入自己熟悉的紫紅色系光暈中。接下來，我投射出「請帶我進入其中一個靈性源頭的晶體，去探尋我靈性源頭的全貌」的意念。

不到三秒鐘，我看見晶體的光暈和之前不同，但有很明顯的慈愛的感覺。雖然已經可以大約感受到這個慈心應該是來自莎雅，我還是先確定這是哪一個靈性源頭的存有。於是，我直接發出意念詢問：「請問這個光是來自哪裡？我現在處於誰的晶體裡？」

回應我的正是莎雅。目前列木里亞的整體意識是這樣的，感覺是和諧與慈愛的存在。我詢問莎雅：「我想探尋我的靈性源頭全貌，你是否同意帶領我去看見你的靈性組成？」

莎雅二話不說，直接把我帶進其中一個晶體空間。這裡的光更柔和、更白、更明亮，有許多像水母一樣透明的天使存在。我內心有個知曉，明白這裡是織女星，莎雅的一部分靈性源頭是來自織女星。得到這個答案後，又進入另一個空間，是較為冷靜、男性般的存在的感覺。那裡呈現白色的光，莎雅告訴我這是大角星，是她的科技和智慧部分的來源。接下來，進入一個厚重難受的空間，我的眉心之間立即緊縮，頭部覺得很沉重。和剛才的意識空間比起來，這裡真的讓人很不舒服，也不適合一直待在這兒。莎雅跟我說，這也是她的靈性源頭之一，就是地球。目前地球的整體意識就是這樣的存在。

天啊！我快喘不過氣了，這麼濃稠沉重的共同意識存在，居然就是我生活的地球？莎雅答道：「意識到地球的現況時，我們也非常擔心和難過。你可以知道，我們是一體的存在，地球也同時存在我的晶體中，是我們的一個源頭。我們必須協助地球，淨化地球的意識體。現在，你可以進入自己的晶體，你會感受到比較輕盈的空間，那是因為你已經進入地球的新意識空間。雖然同樣存在於地球，但這已經和地球原本的意識體有所區隔。這是我們目前正在進行的計畫，要為地球創造一個更淨化輕盈的集體意識存在空間，而那個你目前感受到的厚重和沉重的地球，會從我們的源頭分離，進入適合它的軌道。你現在處於新的地球軌道，必須讓更多目前仍在舊軌道中的地球人接軌。」

啊！我終於明白，為何之前會提到我們和高次元的存有互為源頭，又為何高次元的靈性一直前來地球提醒人類。因為，地球現今已經分離出一個淨化後的新意識空間，這裡應該就是為地球進入第五次元而準備的。我們在自己靈性源頭的晶體中體會到地球偏移的問題很嚴重，當靈性源頭要協助淨化我們的連結時，就將地球分離出更潔淨的意識空間，除了擺脫厚重的引力牽引，也可以在目前仍在舊地球的人們覺醒時，讓他們得以在原來的地球上無縫接軌進入新地球的意識空間。）

探索 Rachel 靈性源頭之二——天狼星

（繼續前往我的另一個靈性源頭，到天狼星雷巴特的晶體探索。我也在進入自己的晶體時，發現一個更明確快速到達自己晶體的方法：在用第三眼觀想畫 8 的同時，配合使用阿乙莎提供的脈輪手指操。當意識指向左上角的「地」元素時，用右手握住左手大拇指；意識指向「金」時，用右手握住左手無名指；意識指向中央的「水」時，用右手握住左手食指；意識指向「風」時，用右手握住左手中指；意識指向「火」時，用右手握住左手小指。就這樣依次在每個位置停留三秒鐘，並帶入呼吸，用第三眼去觀察顏色是否顯現出來。畫 8 的程序大約進行三次之後，每個位置的停留時間可以縮短到一秒。當所有位置的顏色都出現後，就可以很快到達自己的晶體中。這是我發現的另一個輔助法，可以更快速地到達校準中軸、進入晶體的狀態。

進入晶體後，我先請問雷巴特是否可以帶我進入他的晶體中。大約三秒，我的晶體顏色就改變了，出現更白、更明亮的光，身體的沉重感消失，取而代之的是全身輕盈的感覺。雖然我的全身變得輕盈，卻有種超純淨的文明感受，和處於列木里亞時的慈愛祥和感不同。這裡沒有太多自然生態，卻有非常精良優質的純淨生命形式，感覺雷巴特所處的晶體已經是非常進化的文明結晶，沒有任何雜訊和正在演進的產物——我所謂的沒有雜訊，意思是這裡似乎感覺不到有任何細菌和微生物，一切都已經是完美精良的最佳化生命存在體。

依照阿乙莎的教導，我必須提出有方向和目的性的意念，才可以到達需要理解的地方。因此，我開始詢問是否可以讓我參觀雷巴特的晶體全貌，以及雷巴特的靈性源頭組成有哪些。以下是雷巴特帶著我快速環顧一遍後，我感知到的內容：

雷巴特的靈性源頭	帶給我的感受
昴宿七	喜悅／歡樂／具同理心
天琴星	合一／超級智慧／後腦杓很大
列木里亞	慈愛／溫柔

我一面跟著雷巴特環顧他的晶體靈性組成，也開始好奇，這當中為何沒有地球？我不是透過自己的晶體來到天狼星嗎？這代表我們是連結的，我的晶體有你，你的晶體應該也有我才對，但為何雷巴特的晶體並沒有直接連結到地球？當我的意識產生這個疑問的同時，立即收到了雷巴特的回應。）

雷巴特：地球的三次元密度過於沉重，我們無法直接連結，需要透過列木里亞人來協助接入。你的靈性源頭可以連結到我，是因爲列木里亞的莎雅，她是中繼站，經由她，地球人可以連結到我。而我也是透過她，將我一部分的靈性資源接入地球，與你們連結。

我：爲什麼天狼星的存有需要進入地球？你們正在進行什麼工作？

雷巴特：我們正在協助地球，開啓人類的DNA。這項工作從二〇〇八年開始進入加速期，當人類的靈魂DNA能夠開啓和宇宙意識的連結時，就可以幫助人類邁向新地球的軌道。

我：你可以說明是如何開啓人類的DNA嗎？

雷巴特：DNA可以透過振動頻率打開。我們用一種微量電波振動人類的身體細胞，將細胞DNA與更高意識源頭封閉的部分打開。目前已經能夠開啓人類第三層星光體內的第七、八、九股DNA，你們也因此可以順利打開人類共同意識連結，此外，更可以進一步來到第八股DNA，與更高的宇宙源頭意識共同創造新生命藍圖。人類必須開啓和宇宙共同意識的連結與溝通，才能進一步展開新地球的生活。

我：你們是透過哪種媒介釋放解碼頻率的？

雷巴特：這項工作對我們來說並不困難，我們只要在你們的電子產品或燈光的照射過程中置入光碼。這個頻率不在你們耳朵聽力的辨識範圍內，所以人類的感官無法覺察到。

但是，有些人已經能夠在意識和身體上感知到一些變化，而逐漸開啓宇宙意識的人，在身體和感官方面會出現以下跡象：

一、睡得更少，精神卻更好。

二、呼吸更暢通，也較以往深。

三、不想吃肉，食用有人工添加劑的食品後會覺得失去體力和能量。

四、喜歡天然的蔬果類食物。

五、感官更精細，可以感受到大自然的變化，對身邊的花草樹木、氣流和氣壓變化更加敏感。

六、對他人的感知力提升，容易感受到別人的喜怒哀樂和隱藏在心底的眞實意圖。

七、對社會中的自私、分離狀態感到厭煩，開始有意識地選擇讀取資訊，不想參與會造成內心恐懼和分離意識的言論，也不急於追求世俗定義的成功和名利。

八、不再期待政府或當權者能夠改變目前的社會、經濟、環境、教育等問題。

九、想要追求更符合共同利益的生活方式，尋求內在平靜，以及與大自然和諧共生。

十、意識到自己不只是獨立存在的個體，可以與更多的人和大自然連結。

這些都是開啓第三層ＤＮＡ的人開始邁向新地球和新世界之後，身體和意識上的自然改變，而這也是讓地球上的人可以和列木里亞人產生意識交流的開端，以及我們回應列木里亞人的邀請，進入地球協助的原因。在地球轉變的時刻，將會發生不得不調整地球磁場的地殼變動，而當人們能夠更有覺知地生活，就可以避免受到傷害。這些災害會以地震、海嘯、土石流、森林大火或細菌吞噬等方式出現，人類在面臨大自然的反撲時，也終於明白照顧地球是每一個人的天職。沒有地球，人類就無法在此延續生命。

我：臺灣在地球轉變的過程中，會受到嚴重的傷害嗎？

雷巴特：這取決於居住在臺灣的人覺醒的速度。愈多人愈早覺醒，這個區域會愈趨穩定，就不需要靠水火來平衡和調整區域的能量。臺灣目前的狀況比起其他區域來說是較爲穩定的，不至於遭受嚴重的傷害。也正因如此，居住在臺灣的人更需要把覺醒的力量傳播到全世界。

我：所以，之前阿乙莎告訴我，要將我們的振動頻率調整成七．八赫茲，這跟你們開啓人類的ＤＮＡ是相同的頻率嗎？

雷巴特：那是不同的原理。阿乙莎提及的七．八赫茲是人類的意識要達到的振動頻率，好讓人類可以進入宇宙和諧的「一」的境界。而我們用來開啓人類封存的DNA頻段的振動頻率要更高，才能解鎖你們身上的DNA。這個解碼包含頻率和不同的光的波長組合，是天狼星的生物科學家設計的，我無法在此跟你說明更多細節。

我：我還記得你之前跟我提過，天狼星在蒐集人類的情緒體訊息，但你們並沒有和地球人直接連結。所以，我再理解一次：你們是蒐集列木里亞人的情緒體資料，是嗎？

雷巴特：嗯！關於人類的仇恨、自私、嫉妒、恐懼的情緒，我們蒐集到非常多的資料，期待能夠找出更高情操品質的情緒體，而列木里亞人確實對我們幫助很大。

我：你可不可以建議一下，人類在開啓第七、八、九股DNA的頻段後，接下來要如何做？

雷巴特：當你們的靈魂DNA打開宇宙意識，你們會開始熟悉新世界的顯化之道。這個顯化可以在物質層面，也可以在非物質層面展現，我可以進一步說明，提供進入新世界的光碼——創造的能量——給人類。

與高我攜手合作，邁向新世界

當人類能夠提升意識，從更高次元的觀點來看今日的地球，就會了解宇宙是一個相互支援的協作網絡。雖然每個星球都有自己的問題待解決和改善，但在自身能力所及的範圍內，即使跨越不同次元，遠在數萬光年之外的存有都可以經由意識交流，或透過光和振動頻率來協助其他星球。這也是神創造一切萬有、生生不息的基礎：透過彰顯無條件的愛，從付出當中獲得通行更高次元的獎勵。

地球人雖身處較低次元，仍受到宇宙高次元存有們的支持與保護。透過意識交流，在光的世界裡，你們可以得到源源不絕的愛和所需的資源。與此同時，你們也終將憶起自己的源頭，知道你們是來自宇宙的勇士，爲了地球的揚升，願意挺進這個不斷遺忘、輪迴，充滿仇恨和恐懼的物質世界。我親愛的孩子們，我心疼你們一再經歷苦難，但也爲你們的靈魂在地球上得到的鍛鍊和成長感到欣慰，這是非常難能可貴的靈魂歷程。當你們試圖協助地球回復過去的光輝時，雖然付出許多努力之後失敗了，但你們總是願意再試一次，直到能夠帶著自己和所有一起前來地球的兄弟姊妹共同邁向新地球的軌道。

最終，無論成功與否，你們仍會回到光的世界，告訴你們在宇宙更高次元的夥伴，你們是如何經歷地球上的一切，又是如何突破困難，爲其他即將到來的夥伴造橋鋪路。現在，你們已經能夠連結自身的宇宙源頭，他們是你在地球上的堅強支援部隊。他們來自宇宙無窮盡的光和能量晶柵，只要你提出需求，宇宙都將無條件地支援你的請求。

當你們身上封鎖已久的靈性意識打開時，地球人類終於可以恢復星光層的意識溝通能力，你們可以運用自己的更高意識，創造出新我的階段。透過你們暢通的身體脈輪，宇宙能量正在調整你們的星光體，協助你們更快連結自身的靈性源頭。

此時此刻，你們先將拯救地球的任務放一邊，因爲，新地球已經形成了，舊地球自有它所屬的軌道。我們引領舊地球的人轉化進入新地球的同時，需要再造許多新地球的遊戲規則，在此，我要分享一些新地球的新觀點。你們深受舊地球的制約已久，雖然在新地球中或許仍會看見這些制約行爲模式殘留的能量，但這些殘留的能量已經無法形成阻礙。新地球的世界將重啓人類新生命的高度和視野，你們雖然仍身處舊地球，新地球的顯化速度會讓你們很快脫離舊地球的束縛，甚至遺忘。這些改變會在二十年間交接、替代完成，你們可以拭目以待，看看新地球如何脫胎換骨，邁向新世界。

新地球的新觀點

以下這些新地球的新觀點正在凝聚中，這些匯聚的意識能量達到臨界值，就會顯化出來。

一、**政府的角色轉變：**獨裁的君王體制，以及由少數人控制多數人的制度將被改變。政府將由一群志工和有服務能力的團體聯合組成；政府無法向人民取得稅收；政府的當權者角色將轉變為服務大眾的志願者。

二、**經濟和交易模式轉變：**以金錢為主要媒介的交易模式被取代，多種交易形式透過更簡單多元的交易管道進行。沒有儲存和管理金錢的中央機構，銀行和保險業的金錢借貸會以服務的形式呈現。金錢將無法取代服務，但服務會創造金錢的流動。

三、**教育的變革：**學校沒有固定的教科書和學習科目，成為創新實驗的基地與更高次元的智慧交流場域。學生將自行開創所需的課程或研究主題，為了符合新地球的需要，而進行各方面的學習。

四、**能量醫學興起：**人類的能量感知能力大幅提升，許多人具備自癒力，也擁有療癒他人的能力。生命形態的改變讓人類更關注能量的平衡和引流，以化學藥物治療將只占一小部分，而人類的生命將可延長至兩百到三百歲。

五、生態的平衡與保衛：新地球的生態環境將充分使用自由能源。地球的自然資源將透過聯合國會議，建立跨國聯合公約，水、森林及礦產資源的使用和開採都受到國際公約的約束和監管。

六、宇宙和平協議：地球資源將受到宇宙更高次元的保護，以防止遭受惡意存有的侵占和掠奪。地球人也將透過聯合國會議，和宇宙星際代表進行和平協議，並取得資源交流的機會。

新世界的形成和轉變，是能量的匯流創造的結果。當人們凝聚共同的期待時，投射出來的能量就足以顯化這個共同意識期待的世界。你們目前尚未從眼中的世界看見這些轉變，但這些想法和意念已經深植在許多人的意識中，還有許多孩子攜帶著新地球的視野誕生在地球上，這些孩子沒有被制約，降低了顯化的干擾與門檻。你們不能期待目前生活在地球上的所有人都會改變，改變不會來自目前擁有既得利益的當權者，也不會來自社會底層那些生活無以爲繼的人，而是會來自社會中堅分子、各行各業的菁英覺醒者，以及跨越國界、語言、文化，能夠創造與外界交流管道的團體和社會組織。你們將會看見這股凝聚的意識如星火燎原般帶動各個企業和團體，透過經濟活動、嶄新科技、文化藝術、學術交流，深入世界各個角落。

練習：進入自己的晶體探索生命源頭

了解自己的晶體有哪些路徑，進入B和C的協作系統中，進行主題探索：

❶了解你的靈性源頭B和C的全貌。

❷從B和C的角度來看地球正處於什麼狀態。

❸你需要做些什麼，以幫助自己和地球邁入新世界？

當你能了解自己靈性源頭的全貌，並進入自身源頭反照目前身處的環境，就可以看出自己DNA的關鍵元素，以及自己的生命藍圖該如何展開。

第六章

恢復對萬事萬物的感知能力

天狼星給人類的訓練課程

首先，我要歡迎你終於和宇宙源頭意識連結上。我是人類的祖先，來自天狼星的雷巴特，也是地球人進入宇宙意識通道的守護者。接下來的訓練課程，我們先從學習恢復人類本有的萬物感知力開始。

人類的身體細胞原本就具備和宇宙意識源頭溝通的能力。在你們的遠古時期，地球原是所有宇宙存有最喜歡到訪的藍色星球，這裡的人善良、勤奮、美麗，人類生活在此，享受著豐富多元的大自然資源。而地球人類在物質世界的學習力很強，在很短的時間裡就學會使用地球上可擷取到的天然資源，創造無數地球文明。然而，正當地球上的一切發展到達巔峰時，卻引起惡意星球的覬覦和攻擊，地球文明遭受嚴重毀壞，而人類的基因也被惡意封鎖。於是，人類自從文明毀滅以來，一直攜帶著不完整的DNA，在地球上代代繁衍至今。

人類的生命藍圖在舊地球時代是跟著業力之輪前進，人類生命會陷入不斷重複體驗的輪迴，以達成靈魂學習的目的。但無止境的輪迴依然無法超越層層宇宙黑幕，與源頭連結，這也是因爲人類處於心智黑暗時期，無法用內在之眼連結更高的靈性意識，於是更難以超越業力和輪迴的枷鎖。

惡意星球不但封鎖人類DNA與更高意識連結的頻段，摧毀地球和宇宙連結的天幕，還刻意創造讓各種族之間產生分離思想的宗教派系，使各色人種將靈魂之鑰交給自身之外的神掌理。所以，當人類在舊地球時代遭遇生命中無法理解或承受之難時，會傾向往外找尋生命的依託，殊不知，從自己的內在宇宙就可以找到生命所有的答案。

人類生活在禁錮靈魂的牢獄中已久，過著被制約的生活，更無意識地建立起社會規範、戒律教條，長養恐懼、嫉妒，以及防衛和競爭的分離意識。在一個全人類共同生存的小小星球上，各階層的領導人紛紛建立國防、種族隔離、專利保護、階級意識、菁英教育制度，人類一出生就被集體意識完全控制，而這個集體魔咒早已深入每個家庭、學校、工作場所，以及每個人的心智圖裡。在這樣的分離意識中，地球文明演變成弱肉強食、貧富不均，地球資源被無限制地濫墾、破壞，這一切的發展有如惡意星球的復刻版。人類已經遺忘，曾經擁有的至眞、至善、至美的靈性是人類行動的共同準則，今日的地球已成爲物質凌駕人類自身最珍貴靈魂意識的世界，反爲物所用。

原本的美麗藍色星球終於生病了，長久以來得不到宇宙能量的滋養，美麗的花草樹木和善良的動物紛紛離去。地球已經超負荷，呈現更稠密的重力狀態，整個地球能量就是人類和所有存在物種整體能量的反照。物質文明發展到極致帶來的厚重與稠密，只會將地球帶往更低次元的軌道，而與此同時，爲挽救地球生靈，處於更高次元的宇宙星際存有聯合起來，不斷發送光和ＤＮＡ解碼頻率到地球上，期待喚醒人類，恢復和宇宙共同意識源頭的連繫。此外，也有許多高次元夥伴自願來到地球，共同協助人類憶起在物質身體之外，你們原本的靈性意識樣貌。

宇宙星際聯盟經過很長時間的研究，終於突破人類ＤＮＡ的封鎖，順利進行人類靈魂ＤＮＡ解碼還原工程。從現在開始，人類無須再過著無意識的生活，你們將重拾意識溝通和顯化的能力，並在新地球即將誕生之際，充分運用這份能力，重塑新地球和新世界的景象。

地球擁有來自銀河邦聯一千多個種族的聯合援助。在此，我也代表基因工程小組，感謝所有宇宙家人、星際盟友的支援和協助。現在，我們要將這份啓動新世界的意識訓練教材傳遞給人類，並且一起爲即將到來的新地球獻上祝福。願你們成功展開新生命的藍圖，更期待美麗的藍色星球再次閃耀。

意識鍛鍊：辨識能量

宇宙是個龐大的能量場，萬事萬物都具備能量。人體本身就是能量的接收器，意識則是能量的發動器，而人的眼睛雖然看不見靈性意識的核心物質，卻可以用身體和內在意識去感知能量。接下來，我們要循序漸進地學習如何辨識能量，之後再學習偵測和覺察能量的流向和品質。完成基礎的能量課程後，再陸續導入進階課程，學習操作能量、清理自身及環境場域、療癒自己和他人。最後，進行每日的能量引導練習，將高次元能量導入新地球，並將能量顯化和落實在每個人的生活中。

你們身在量子世界裡，萬事萬物，小到一顆種子、一個思想，大到一個物體、人、環境、社會、國家，乃至人類居住的星球、太陽系、銀河系裡的星團、跨次元的星系團等等，一切意識、物質和生命都具備能量，而能量又在不斷的交互運動中尋找動態間的平衡狀態，於是，能量就在不斷交互變動和再次取得恆定之間誕生了。

人類過去被感覺器官蒙蔽了識別無形能量的能力，你們以爲從身體的外顯器官（眼、耳、鼻、舌）可以看見、聽見、嘗到、觸摸到的才是眞實的。大腦一直以來只接收和判斷這些感官接收到的訊息，內在身體發送出來的訊息卻被隔絕在帷幕之外，無從領受。這是人類從心輪通往大腦的連結被封印的結果。人體中存在著超感官能量感測裝置，那是人與更高次元連結的所在——心輪。它位於身體中除了大腦之外，被最多骨骼保護的心肺位置。

心輪就是人體宇宙的能量中樞。人體是一個獨立的小宇宙，心跳和呼吸的振動反映整個小宇宙的能量場體，同時也是透過小宇宙的運行，與外界能量產生交互作用。人類可以透過身體的外顯器官感測到一定距離和頻率範圍內的變動差異，但這個感測是有限制的。人體宇宙的心輪感應器則不受時空限制，能和宇宙中的萬事萬物產生連結和跨越時空的共振。

接下來，要帶大家學習如何從心輪感知開始，進而延伸感知身體內的器官，和大腦之間建立溝通迴路，靈性意識就能超越物質的幻相和桎梏，開啓人類的第二生命——靈性意識的場域。先透過以下幾個基本練習，學習如何透過不同的偵測、量測和感測方法辨識能量。

呼吸偵測法

先將意識放在自己的呼吸上。閉上眼睛，去感受自己目前一呼一吸的深度和長度。

接下來，打開眼睛，將視線放在身邊的每一項物品上。每項物品感知十五~三十秒。

開始偵測自己的呼吸在每項物品上的深度和長度變化。

若呼吸變得更深、更長，表示該物品對你的能量擴展是有幫助的；反之，則是會干擾或減低你的能量。

接著，再將眼睛閉上，用心去想一些情緒性的名詞。

先選擇正面的詞，如愛、感激、關懷、豐盛，去感覺自己的呼吸變化。

然後再選擇負面的詞，如破壞、戰爭、失望、恐懼，去感覺呼吸的變化。

從這個簡單的呼吸偵測法中，你會發現自身的小宇宙是如何與帶有正面或負面性的物品和意念產生共振。你的宇宙和萬事萬物連結，你的能量是被擴展，還是被曲解、壓縮，和你身處的環境、使用的物品、心裡的意念都息息相關。

現在，帶著自己去看見身邊的所有物品，看見自己環境場中的哪些東西對自己有幫助，哪些則是會減損你的能量。接著再去每個空間，用更廣大的角度去感測整體空間的能量，甚至感測腦海中盤旋的一些事情對自身能量的影響。

建議可以用冥想的方式與帶來正面能量的物品或意象連結（例如太陽、樹木、花草、水晶、自己信奉的神），持續幫助擴展自己的心輪。

雙手量測法

另一個方法是使用雙手來量測。

1. **建立雙手的感知：**首先，將雙手伸出來，掌心相對，讓雙手距離十五～二十公分左右。接著，雙手掌心相對移動，你會從兩隻手之間的運動感受到能量交互作用產生的相吸與相斥的力量。有些人還會覺得手心有熱熱麻麻、帶電流的感覺。

2. **設定基礎：**建立起手掌心的能量感知連結後，深呼吸，讓意識從雙手之間回到自己身上心輪的位置。掌心相對，讓雙掌自動展開，從你的意念連結到自己心輪的中心。現在以這個來自你身體心輪整體能量的掌心相對位置爲基準點，開始感測與其他事物的連結能量。

3. **開始量測：**將視線掃向周邊的每一項物品，觀察雙手的距離產生的變化。當雙掌之間的距離擴大時，代表這項物品可以讓你的能量擴展；若雙掌之間的距離比基準點小，甚至小到雙手交叉，代表這項物品會降低你的能量或逆轉你自身的能量場。

這個方法和呼吸法不同的是，你可以透過雙手的距離變化，**看見**能量擴展或被干擾的大小

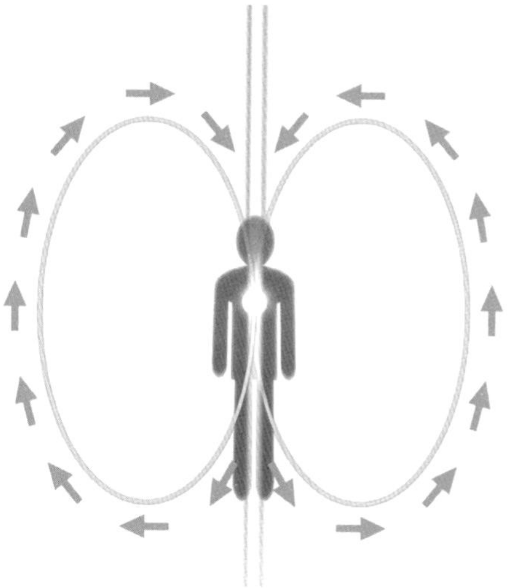

和程度，而呼吸偵測法無法透過視覺讓你明白能量的差異程度。

乙太體感測法

前面提到的兩種方法可以很快地讓人初步了解能量的大小變化，接下來則進入進階的乙太體感測法。這是要進一步分析和解讀連結到的能量流，透過身體感知可以得知全身的能量流動是否順暢。一股順暢流動的身體能量會像上圖這樣，全身的氣流順暢地從心輪往下流向大地，再向外擴展延伸，回到頂輪，呈現中軸爲通道的一個球狀循環能量場體。

每一個能量場體都會因能量共振產生相對應的訊息編碼，而人體感官受體之外那個更擴大的乙太體可以感知這個編碼，並解讀能量資訊。

解讀之前，須先進一步認識自身乙太體的感知偏好。有些人的乙太體對場體中呈現的光和顏色感知敏銳，有些人則對接收到的聲音或振動音頻具備解讀能力，也有人是透過嗅覺來詮釋能量場體，還有些人則是透過情緒來詮釋能量。每個人乙太體的感知方式都不同，可以先進行下面這個檢測練習，了解自己的乙太體是以何種方式來詮釋能量。

辨識你乙太體的能量偵測與解讀偏好

挑幾張老照片，仔細端詳照片中的人、事、物和當時的場景。

・運用身體感知系統回顧照片

深呼吸，可以張著眼睛，用心去連結照片中的某個人或某項物品。

現在閉上眼，去審視自己的每一個身體感官都出現哪些變化。

眼睛↓三百六十度環顧一次，是否可以看見當時環境的整個景象？

耳朵↓是否可以聽見當時的聲音？

鼻子↓是否可以聞到當時的人或環境傳來的氣味？
身體↓身體是否呈現放鬆或緊繃的感覺？
情緒↓是否感受到喜、怒、哀、樂、悲、恐、驚等情緒？

‧延伸探索照片影像之外的場域

將前述每一個身體感官可以連結到的感知連結回自己的心輪，在心輪安裝一個照相機鏡頭，帶著這個鏡頭，將心輪的影像一一映入自己心底。

現在，再次用自己的心輪去感知帶著照相鏡頭時，這張照片能否提供更多訊息。

在進行心輪鏡頭掃描的同時，你還可以用意念將心輪的鏡頭往照片之外延伸，去感知更多這張照片之外的相關訊息。你也許會發掘出當時並未覺察，也沒有存在記憶當中的更多細節。

‧遠端感知萬事萬物

接下來，請繼續不斷地進行以下練習。經由照片或感知連結，你對能量的感知與詮釋會更熟悉，並恢復連結與感知萬事萬物的能力。

1.感知遠在他鄉的家人。

偵測身體脈輪能量

2.感知家裡的寵物。

3.感知某個區域的花草樹木。

4.感知環境、場所、房子。

5.感知你的友人正在談論某個你未曾謀面的人。

6.感知組織、國家和地球。

找出你的乙太體解讀能量的偏好後，就可以接著進行自身能量的掃描與偵測。

偵測身體能量場

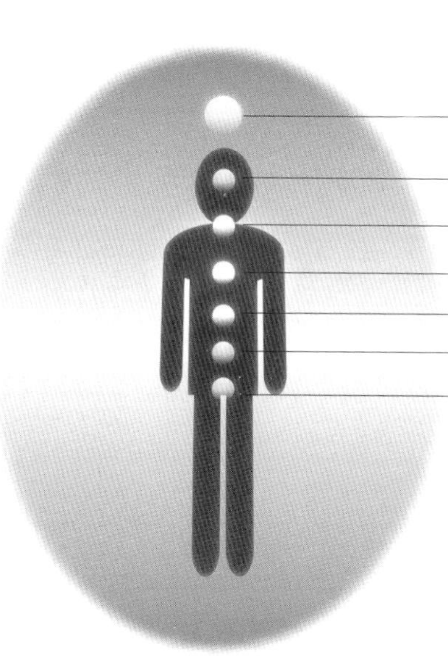

每個人的能量就類似一個蛋形的發射器，距離你身體四周約一百公分處有一個蛋形的外殼包圍著你的身體，這就是你的能量場體（如上圖）。接下來，用你在前面能量辨識單元學到的任一種方法去偵測自身能量場體的狀態。可以從頭到腳一一感測身體能量場七個脈輪的狀態，你會發現每一個脈輪位置的能量大小不同，有些寬大或過強，有些過窄而微弱。將需要平衡脈輪能量的位置記錄下來。

調整與淨化脈輪能量

將意識放在需要調整的脈輪上，運用以下的能量辨識法，在脈輪位置進行能量引導。

呼吸偵測法

將意識放在脈輪上，在呼吸過程中進行引導。若需要加強脈輪的能量場，就加強吸氣，深深吸一大口；若需要降低脈輪的能量場，就加強呼氣——可以用急促而短的呼氣方式，呼、呼、呼連續幾聲，降低脈輪位置過剩的能量，連續做幾次。

雙手量測法

將雙手伸出來，掌心相對，意識放在需要調整的脈輪上。這時，伸出的雙手會因意識的到來自動調整兩隻手之間的距離。若需要擴展脈輪能量，就用意念對著雙手間量測的能量範圍，在心裡大聲喊「擴大、擴大、擴大」數次；如果需要降低能量，就用意念對著雙手間量測的能量範圍，在心裡大聲喊「縮小、縮小、縮小」數次。

乙太體感測法

這個方法可以更全面地讓身體整個能量場重新與中軸校準，更全面地淨化與清理整個乙太體。

1.呈站立姿勢，雙手自然垂放，肩膀放鬆，眼睛微微閉上。
2.深呼吸數次，從心輪吸入外界的能量。
3.開始想像自己如同一棵大樹，將你從外界吸進來的能量由心輪向下，沿著臍輪、海底輪，往地下延伸，讓意識穿越地面，將根部蔓延伸向大地，完成扎根。
4.持續深呼吸，將身體的穢氣、雜質往地下的根部排放出去。
5.接著，用意識想像從土地獲得身體需要的礦物質和微量元素，然後往上延伸，讓這些礦物質和微量元素從海底輪、臍輪，往上經過太陽神經叢、心輪、喉輪、眉心輪，到達頂輪，去滋養修補每一個脈輪的能量。
6.平衡脈輪：在運用大地能量滋補修護的同時，當意識進入需要特別擴大或排出能量的脈輪，可以用意念畫螺旋，來補充或釋放能量。若要補充能量，就讓意識在脈輪位置呈右旋螺旋狀旋轉；若要釋放能量，則讓意識經過該脈輪位置，用意念進行左旋螺旋狀旋轉。

7. 擴大能量：完成全身脈輪的平衡之後，意識到達頂輪，然後持續向上延伸至頂輪上方一百公分的位置。想像一道金黃色的光從宇宙之心灑向你的星光體，進入乙太體，貫穿全身，直到腳底。這個擴大的能量將你整個身體包覆起來，再次淨化後，向四面八方擴展開來。

8. 將雙手放在胸前，感謝地球母親、大地和宇宙一起幫助你淨化全身，並擴大你的能量場域，然後結束乙太體淨化步驟。

完成之後，你可以再次使用能量辨識法去測量全身的脈輪是否已經平衡，也可以和同學交叉驗證。當一群人聚在一起平衡自我能量時，就可以進一步幫助環境完成同步的調整和淨化。宇宙能量流動於萬事萬物間，處於彼此共振的動態平衡狀態，而當你們有意識地淨化和平衡自身能量時，就是一種重新校準中軸、利己利人的慈心行動。這在家裡、學校和工作場所都可以進行，能夠幫助你們恢復身體中軸的順暢穩定，讓宇宙能量經由你們的中軸，與大地、宇宙進行交換，你們也因此可以讓生命展現超越生物體的智慧和創造力。

快速清理與調整全身的能量場

以下提供快速清理和重新調整自身能量場的方法。

1. 雙腳打開，與肩同寬。雙手輕鬆垂放身體兩側，呈現站姿。
2. 大口深深吸氣，將氣吸到腹部丹田位置；吐氣時則分段，用力「呼、呼、呼、呼」數下。重複吸氣、吐氣三次。
3. 用雙手輕鬆拍打全身，從頭頂拍打到腳。隨著身體擺動，自動拍打需要加強的地方，大約五分鐘。
4. 以發熱的雙手從頭到腳撫觸全身。
5. 接著，再次擴展與放大自己的能量場：雙手向上舉起，掌心向外，畫一個大圓圈包圍住自己的身體，從頭頂到腳底，想像身體往外一百公分的範圍已經處於一個蛋形的光環繞的能量場中。若需要特別加強保護，可以重複多做數次。
6. 雙手回到心輪，默唸：「感謝宇宙賜予我無條件的光和愛！」

感知萬事萬物的真實意義

（練習感知萬物能量的次日，一早醒來就覺得內心無比通透和喜悅，還精神奕奕地替自己和家人做了份美好的早餐。我已經有好一陣子沒體驗到這麼愉快的餐食準備過程，也不知是從何而來的好心情，我就當作是阿乙莎的早餐邀請。吃完早餐後，回到晶體，與阿乙莎連結，立即得到以下來自阿乙莎的反饋。）

我要來提醒你，能量辨識的學習還有需要補充的。昨天你不是向雷巴特學習能量辨識嗎？我要給你一個眞正需要到達的境界體會：你們要學習的能量辨識，是從「心」出發。這個心，是你的心；不在外面，是在你之內。

人類的心是外界萬事萬物今日呈現狀態的「因」。當你的內心平靜，澄澈如水晶時，你就能看見萬物美麗的本質和樣貌；若你的心蒙塵，鏡片缺角，你只能看見模糊不清和殘缺的樣貌。而那個殘缺和不足，是被你的心遮蔽了，而不是事物的本質，你只是無法透過自身看見它們原本的美麗樣貌。

在學習辨識能量時，不光是去辨識外界的能量狀態，再用你的理性腦去比較和批判，辨識的眞正意義是去分辨你內在的狀態。若你的心處於較低振動頻率的物質界，就會被一切外顯的物質所困，你會無意識地讓自己的心與物質界共振；若你的內在已提升進入更高意識的宇宙次元，你內在的光就會被淬鍊得如同水晶般晶瑩剔透，在內在之光的照耀下，你自然可以成功超越物質幻相，在自身所處的世界投射出美麗的天堂景致。你今天準備的早餐，就是用內在的澄澈振動獲得了一個給自己的小小反饋。

所以，練習辨識能量時，要學著讓自己不被物質所困，提升內在的意識振動，並在平日練習時，不斷地從能量辨識中反求自身，直到琢磨出自己內在的光爲止。你可以想像自己是一顆石頭，然後不斷向內淬鍊成高密度的水晶。你看，地球上最古老的水晶，哪一顆不是從內在淬鍊出晶瑩剔透的美麗晶體？它們從來不是由外在顯現自己的美，而是向內逐漸晶化成形，這個晶化的過程就在累積和蘊藏龐大的智慧與能量。人類外顯的美麗是短暫的，只有內在晶體的光能呈現出靈魂的永恆之美。

漸漸地，你開始學會辨識兩種世界的美帶給你的全然不同的能量振動和品質。

一種是外顯的虛幻世界創造的美，另一種是內在眞實宇宙顯化的美。

第一種美投射出來的能量振動會讓人覺得炫目、刺眼、心虛、自我能量萎縮、焦躁不安。

接收到這個振動波的人會感到羨慕、嫉妒、自我價値感低落、沒自信，甚至憤恨不平。

第二種美則是內在宇宙振動顯化出來的美，帶給人光明、圓滿、信心、希望和力量。接收到這種美的同時，內在會不由自主地產生愛、感謝、慈悲與感動。

這是我對能量辨識學習單元的補充，希望每個人都可以不斷練習，反省並琢磨自己內在的光，再依循內在的光去看見、去聽見、去行動，你就會帶給這個世界最眞實美麗的樣貌。

回復對能量的感知能力，目的是要看見自己的狀態。外境是反映內在狀態的鏡子。

阿乙莎，爲何創造能量的操作法要透過天狼星的雷巴特下載？爲什麼不是由祢直接教導我？

嗯！這是很重要的學習，因爲地球人類的組成是由他們設計的呀！人類來自高次元存有創造和顯化的地球種子植入計畫，也是爲了拯救地球特別創造出來的。天狼星人用自身擅長的科技文明設計了生命自體演進法，現在他們協助開啓人類的靈性體，並教導人類操作自己被封印已久的靈性意識。我認爲這是非常有智慧的一步，也是人類進入新地球進行自我更新的最佳辦法。

過去有部分星際存有認爲自己可以擔任地球的指揮官，卻造成人類的集體恐懼和地球文明毀壞。這一次，由人類自己的覺醒帶領人類進化，這是天狼星人對自身生命體的一種設計，他們今日的高度文明也是自身覺醒後啓動自我進化的結果。你們即將打開靈性的潘朵拉盒子，人類的跨次元旅程即將展開，祝福你們攜手得到完美的成果。

我該如何做？

最近我和一群同好見面，大家都想學習如何連結到阿乙莎，或是透過我，像靈媒那樣讓祢可以和他們面對面地答問和教導（例如巴夏的傳訊方式）。我並不懂得如何讓祢展現在他們面前，

很好，這是一定會被提出來的問題，也是聰明的人會提出的請求。我不是你 Rachel 專屬的，任何人只要心性光明、世事圓滿，就可以連結到我。你將我的話用文字寫下來，若人們仍無法循文字找到我，和我連結，那是來自他們自己的干擾，和你、和我，都無關。

我為所有連結上我的人提供同樣品質的教導。若人們不閱讀文字，不去看、不去聽我，又想得到你寫下來的那種體驗，於是向外追尋，那麼，他們愈是向外找尋某種體驗，反而會更深地陷入被小我控制的狀態。

你就依照讓你覺得最舒適的方式傳遞我的訊息。這個世界有許多不同的方式可以展現我的存在，我就在一切形式的表達和顯化中。我已經在一切萬有當中很久很久了，仍然被視而不見。人們想要找到更艱難、更隱晦的神祕體驗，才會相信自己終於遇見了我，體驗到神蹟和恩澤？

啊！孩子，我只需要你們每一個人用自己最擅長的方式詮釋我的存在。每一個人就是我的

顯化，所以，盡情揮灑你們的生命，看見自己和宇宙萬物平等同在，你們就可以從自己身上看見我。

請告訴那些想親身體驗到我的人，去認眞活出自己生命的精采，我就在一切的創造裡。我可以很美，也可以很醜；我可以成功，也會想體驗失敗；我可以在宗教裡，也存在戰爭血腥中。你們的一切都是我的彰顯，所以，去活出最能表達我的存在的你的版本，活出自己，就是與我同在。

面對那些想找到我的人，請告訴他們，不需要透過你才能連結上我。你在他們面前也不必展現他們尙無法擁有的能力，只須幫助他們看見，他們自己就擁有如你所能的、如你所是的那種連結上我的能力，讓他們自己去創造屬於他們的版本來詮釋我。你只需要幫助大家校準自身中軸，幫助大家連結上他們的高我意識，幫助大家覺醒，我會在那裡協助衆人獲得知曉，並永遠與我同在。

阿乙莎，謝謝祢讓我再次感受到祢的愛與慈悲。

第七章

意識創造實相

當你能夠從自身的覺受系統感知能量的流向和品質之後，就可以進入操作能量的進階練習。人類最佳的能量操作工具就是自己的意識，意識具有磁引力，經由意識的帶領，可將能量導入、擴展、內聚、防禦，或朝著不同的方向與指定的路徑移動。人類過去只知道活用大腦的邏輯思考能力來落實物質層次的行動計畫，卻不知道自己擁有更強大的意識能量，可以協助人類提升至量子世界的創造。這種無相界的創造也是人類進入第五次元的重要創造法則，將爲人類和新地球的顯化帶來突破性的文明大躍進。

光的語言：光碼

光碼（Light Code）就是和宇宙溝通的語言。這個溝通符號由結構化的意識組成，每個符號有特別的振動結構，和人類用情緒產生的意念振動頻率是不同的。人類的情緒引發思想，思想創造行爲，這種由人類情緒引發的思想是線性而鬆散的。而光碼也同樣具有思想，只是這個思想有先後順序，有指向性、融合度和完整的結構張力，也因此，光碼產生的振動頻率影響的層次與範圍更為廣大。

光碼本身就是一個完整的光的結構體，類似一個包含多種元素的晶狀體，因此，它能放射出多重角度的光彩，而不是單向的光。單看光碼的符號圖像無法理解其中的意涵，你們仍須學習將意識帶進光碼意圖表達的路徑。當你有意識地使用光碼路徑表達時，可以幫助你的意識免受情緒和業力的干擾。最終，人類可以透過光碼的溝通淨化自身的意識層，讓意識能量再次擴展和提升。

啓動光碼須透過有意識的帶領，若是在無意識的狀態下使用光碼，就無法得到全然的理解，雖能獲得短暫的療癒效果，卻無法持久內化到你們的靈魂體中。你們必須了解並學習每個光碼的意識路徑代表的意義，只有在你有意識的帶領下啓動光碼，才能共振連結到更多宇宙意識群，在量子宇宙集結成更大的光之拼圖。

每一種光碼攜帶的振動結構與內涵都不同。宇宙光碼如同你們人類的語言文字，有多達一萬四千四百個圖形，在取得光碼的同時，必須一步步學習該光碼的路徑指引，才算完整下載了光碼。你會從自己的靈性導師那裡取得哪種光碼，與你個人的生命藍圖有關。若你可以透過自己的靈性源頭取得光碼，不要吝於分享你的光碼給這個世界。一個小小的光碼啓動，就能連結更廣大的意識群體，也可以因此幫助連結下載更多光碼，一起創造新世界的實相。

幫助人類創造實相的光碼（天狼星雷巴特傳遞）

創造的能量就是匯聚思想、因與果的能量，經由意識帶領能量流動路徑，將意念轉化爲量子世界的原子態動能。這個經由意識創造的原子態動能可以驅動實相改變其粒子結構。當該實相的核心結構晶柵鬆解，就會跟隨創造的能量流一起調整相對位置，並在量子宇宙世界重新聚合成新實相，而這個經由意識投射的新實相會顯化在所有宇宙時空，也觸及你們所處的地球。

這是人類經由意識開創宇宙實相的方法。人類意識覺醒之後，可以更穩定地進入量子世界的創造場域。透過啓動創造的能量光碼，你更能將

能量流	步驟	元素	路徑圖
向下	1. 向下扎根	地	↓
向上	2. 連結宇宙	金	↑
水平	3. 意識融合	水	∞
旋轉	4. 定錨設定	風	↻
放射	5. 啓動顯化	火	☼

自身的意識流結構化，超越理性頭腦分析、評估、判斷的慣性，創造和顯化出期待的結果。

創造的光碼結構包含多重能量流動組合。以意識帶領右頁表格中的五個步驟，陸續完成地、金、水、風、火等五元素的能量流，然後啓動經由意識結構化的能量晶體，讓這個創造的意識在量子世界裡先運行，最終會落實顯化在物質實相界。

這就如同你們人類站在岸邊向湖中央投入一顆石頭，這顆石頭會在湖面產生振動波，最中央的振動會帶動整個湖水產生一圈圈的波動效應，最終觸及岸邊而停止。你們所處的地球就像位於最外圈的岸上，呈現出石頭投入湖中的最終現象。

現在，覺醒意識投射出的意念就可以直達湖的中央，你的意識可以影響和帶動整個宇宙，與地球互動。

下一節將詳細說明每個步驟的原理和關鍵要素。

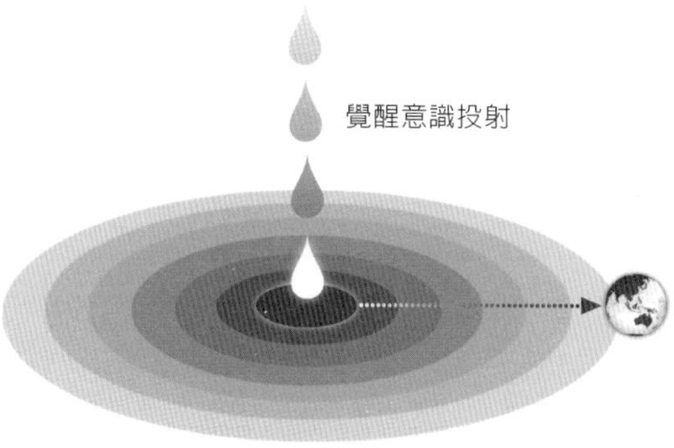

透過宇宙共振，逐步在地球顯化物質實相

創造光碼的意識流動路徑

步驟一：向下扎根（啟動地元素）

根據目前顯化的結果，先設定一個與目前結果不同的期望，然後讓這個期望的結果向下穿過你的海底輪，扎根落地，進入地球之心。

步驟二：連結宇宙（啟動金元素）

意識向上經過喉輪，提出可以達成此期望結果的提案。接著，將提案往頭頂上方的宇宙投射出去，同時觀想這個提案已經在頂輪上方形成一顆晶狀的能量球。

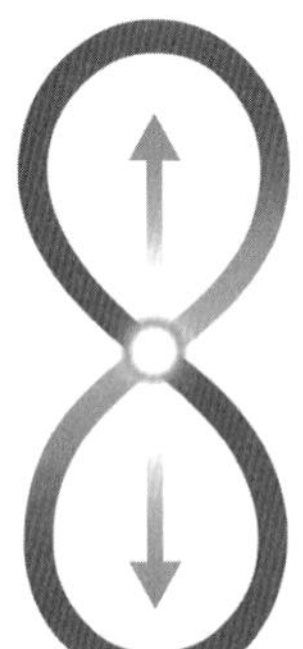

步驟三：意識融合（啓動水元素）

將頂輪上方的提案能量球帶回心輪，啓動意識融合的能量流，於此融合過程中找出最佳行動計畫，並且去校準和修正自身的意圖，最終就能在一切能量和因緣具足的狀態下，讓期待的結果落實和顯化出來。

此時，需要觀想這個提案會涉及或互動的對象（包含人、組織、事物），將提案連結到這些人、組織或事物上，去測量能量，感受這個提案內容是否可以與這些人或組織完全融合。

意識融合的過程中，可以使用下面這兩種方法找出最佳行動計畫，並調整能量場體，讓未來的顯化更容易實現。

3. 意識融合

意識融合方法一：探索最佳行動計畫

1. 量測事件的現狀和你期待的結果之間的距離

現狀放在左手，期待的結果放在右手，然後讓兩手掌心相對，以能量偵測法量測現狀與期待結果之間的能量差距。

2.將你心中的計畫提案放進中央，再度感測能量

將此計畫的意念投入雙掌之間，掌心相對，去感知能量變化：

a.若左右手之間的距離沒有縮短，表示這個計畫提案無法順利達成你期待的目標。

b.若雙掌之間的距離縮短，表示此計畫提案可以縮小彼此的落差，有助於向目標推進，但仍然有段距離。

c.若雙掌完全密合，表示此提案是你當下的最佳行動計畫，可以準備朝此計畫的方向前進。

不論是否在這個過程中找到最佳行動計畫，都可以不斷用意念去感知左手和右手。你可以感知是需要調整期待結果，或者改變提案本身，也可以透過這個過程了解需要融合意識的對象目前的想法、期待的改變方向或內容，在此能量探測的過程中找尋可以達成期望的最佳提案。

探索最佳行動計畫示意圖

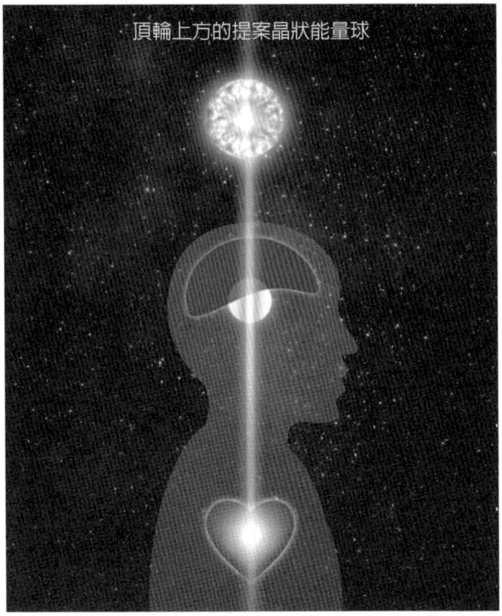

3.向宇宙發送提案

確認提案內容後，讓此提案向上進入第三眼（眉心輪）。你進入更高的意識中，去看見這個提案應該展開的執行細節，將這些細節留存在心中，感謝宇宙給予你更高的智慧與真理，然後將意識往上提升至頂輪上方，形成一顆經過意識融合的提案能量球。

現狀 — 尋找提案 — 期待的結果

現狀：丈夫和妻子各自都必須照顧父母，但因雙方父母居住的地方不同，還要照顧自己的家庭，夫妻因此會爭吵，雙方長輩之間也產生隔閡，影響家庭和諧。

↔

期待的結果：可同時照顧雙方父母與自己的家庭。

實例練習：

探詢「夫妻雙方照顧年邁父母的計畫」最佳提案

現在，將左邊的「現狀」與右邊「期待的結果」圈起來，然後意識放在心輪的位置。運用能量辨識與量測的方法，伸出你的雙手去感測一下，目前這兩個圓（現狀與期待）之間的距離有多大。

假設，雙手感測能量場約有八十公分的距離。

這八十公分的距離就需要進入意識融合測試。現在，將雙手仍然擺放在這相對八十公分的位置上，開始提出不同的方案，逐一檢視哪一個提案可以拉近雙手的距離。

提案	量測結果
1. 在附近找一間房子給女方父母住，男方父母則跟夫妻一起住。	80公分，沒變
2. 雙方父母輪流來家裡住，彼此不要同在一個屋簷下。	80公分，沒變
3. 說服雙方父母住在一起，但隨時可以回自己的家住。	100公分，距離擴大
4. 男方或女方的父母來家裡住，然後夫妻每兩週去探望沒在家裡住的長輩。	0公分，最佳解

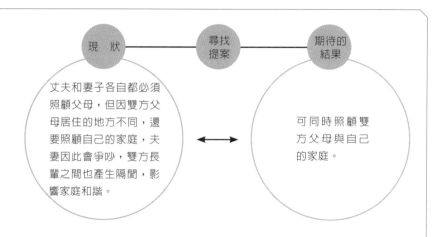

第四個提案很明顯可以縮短能量差距，完成融合，是達成期望目標的最佳解。現在，以第四個提案的內容，讓意識繼續往上，到眉心輪。用智慧之眼仔細描述第四個提案，看看在這個情境中有沒有你需要調整做法或想法的地方，或是要達成此提案有沒有一些必要條件或前期該準備的工作，然後將第三眼看見的提案相關配套措施和做法記錄下來。

例如，讓意識繼續往上，停在第三眼，眉心輪的位置，這時你可能會看見，需要將家裡的長方形大餐桌改成圓形餐桌、來家中居住的父母生活空間裡的客廳或餐桌位置要如何安排、房間該如何安排、要由夫妻還是長輩決定餐食內容、若住在同一屋簷下，對未來居住場所的認知有哪些需要調整之處，以及每兩週去探望另一方的父母時要做些什麼活動等等，都可以在此時先覺察到這個提案可能造成的變化、這個變化會讓每一個人產生什麼樣的想法和反應，以及你在這當中需要抱持什麼樣的想法或態度，來面對即將到來的挑戰。

完成後，將這個意識融合後的能量球往頂輪上方投射出去，就可以準備進入下一步驟：定錨設定。

意識融合方法二：淨化與修正意圖

在探索提案及設定的目標的過程中，你會被小我的意圖干擾，無法隨時處於更高意識的狀態，去找出最佳行動方案，甚至會一再陷入業力牽引，重複創造業力的延伸版本而不自知。這時，身體的感知是你最好的導航系統。當你善用自己的身體能量去感測時，可以看見投射出去的目標與現實之間的距離，以及你需要調整的心態和想法，也能在這個過程中看見自己內在的眞實。只有將眞實的意念投射出去，才能創造並顯化成爲宇宙的實相。

接下來要說明意識融合的第二個方法。透過這些步驟，可以進一步淨化和修正自己的意圖，爲創造未來實相奠立穩定的能量流動基礎。

1.設定步數

將期望達到的目標，以及你探索到的最佳行動計畫在心中陳述一遍，接著問自己，以目前的狀態，需要往前走幾步才能到達。此時，你的內在直覺會告訴你一個數字。

2.開始出發

想像你前方的目標，和目前所在的位置中間共有剛剛內在直覺告訴你的這幾步路要走，然後開始踏出第一步。此時，你的身體會進入這個未來實相的能量場中，你身體的感知會告訴你，當你站在第一步的位置時，會有什麼樣的感受。順著這個感受去跟隨自己的身體延展或做動作，這些感受都是在幫助自己打通每一個關鍵節點的能量場，並獲得全然的知曉與整體能量融合。

3.繼續往終點走

重複第二個步驟，依序走完每一步，直到抵達終點，你的身體會讓你感受到達成這個目標中間顯化過程的演變。過程中，如同走進自己設計的虛擬實境，於此時此刻得到完全的體驗和理解。此外，也可以藉由這個過程增強自己的意志，修正自己的心念與能量狀態，爲顯化未來實相鋪設出一條康莊大道。

4.抵達

讓意識回到心輪，將這條路徑帶來的全然體驗與理解放進自己心中，並感謝宇宙和地球母親的協助。

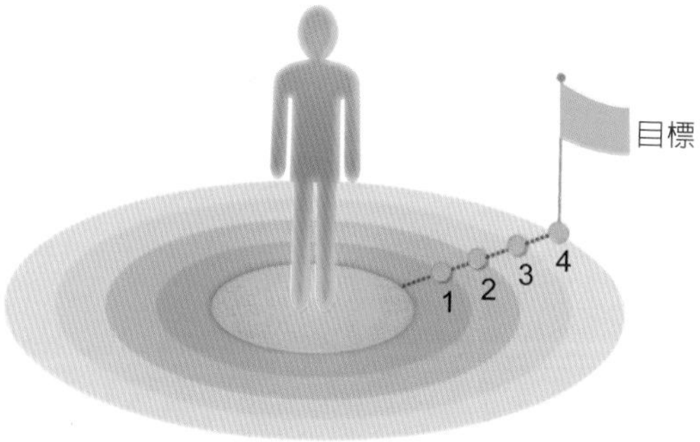

身體感知量測法

實做心得：淨化與修正「銷售房子計畫」的意圖

先運用前面提過的方法，探索最佳行動計畫。

將左邊的「現狀」與右邊「期待的結果」圈起來，然後意識放在心輪。運用能量辨識與量測的方法，伸出雙手感測一下，目前這兩個圓（現狀與期待）之間的距離有多大。

結果，雙手感測能量場約有一百公分的距離。

這一百公分的距離就需要進入提案的意識融合測試：將雙手仍然擺放在這相對一百公分的位置上，開始提出不同的方案，逐一檢視哪一個提案可以拉近雙手的距離。

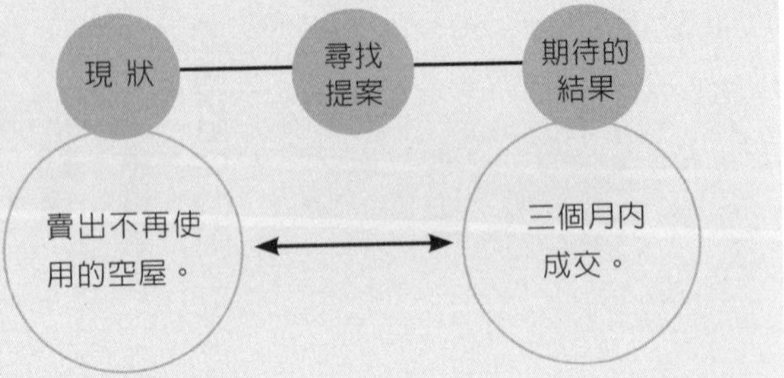

提案	量測結果
1. 找某某房仲簽約。	100公分，沒變
2. 多找幾家房仲。	100公分，沒變
3. 低於市價銷售。	80公分，距離縮短
4. 拉長銷售時間。	20公分，更縮短
5. 維持現狀，暫不出售。	0公分，最佳行動

第五個提案很明顯是最佳解，卻是無法達成期待目標（三個月內成交）的行動方案。會出現這種狀況，最可能的原因是沒有找到達成或落實期待結果的真實的「因」。所以，必須進入自己的內心尋找想要售出不再使用的房子真實的意圖，進一步探索讓自己發出這個意念的真正原因。

接下來，我就運用淨化意圖的方法，去探索我當下為何覺得想要賣這間房子，並進一步了解其中是否有其他原因，或者需不需要調整意圖。步驟如下：

1. **設定步數**：目標是售出不再使用的房子，此時，我的內在立即出現「2」這個數字，亦即兩步。

2. **開始出發**：移動身體，往前踏出第一步，感受到氣流停滯，於是直覺地想要擺動一下身體，讓整個房子的能量可以開始流動。因此，我的身體跟著左右擺動，隨即自動停止。這個階段的感知結束後，我進入下一個步驟。

3. **跨出第二步**：當我邁開步伐，跨出第二步時，身體突然不自覺地想往後傾，讓我向後倒退五、六步，一直覺得有往後的拉力。這時，我停下腳步，問自己的內在，這是來自哪裡的訊息？很奇特的是，我的內在獲得一個清晰的知曉：我其實不是真的想賣掉這間房子，而是因為覺得貸款的壓力很重，才會出現想賣房子的念頭，其實我很捨不得賣掉這間房子。當意識出現這個理解後，我的身體瞬間自動往右方轉動，而在我跟著身體的動作轉向右方時，獲得一個更清楚的新意圖：也許，不一定要賣掉這間房子，而是可以轉成出租，以穩定的租金紓解貸款的壓力，這樣我就可以有足夠的現金流去保留這間房子。

4. 結束：感謝我的身體帶領我進入我投射出去的這個意圖在量子世界的真實景象。我現在明白該如何做了，感謝宇宙和地球母親的協助！

步驟四：定錨設定（啓動風元素）

觀想經過意識融合的能量球從頂輪經由中軸，緩緩向下移動到太陽神經叢，開始進行定錨啓動設定。

定錨設定步驟

這是將意識投射在量子世界的啓動設定。啓動關鍵密碼可以是一句話、一個聲音、一個圖形，或是某種你自己設定的訊息表現方式。

比方說，你可以設定一個關鍵詞，像是「現在開始了」或「你願意聽聽看嗎」等等，任何你可以在顯化的現場發出的聲音、圖像，或是說出來的一段話，以引導這個能量球啓動顯化。

當你啓動能量球之後，太陽和月亮的磁引力會經由你穩定的中軸，讓這個結構化的能量晶體抵達它在宇宙的相對位置。當這顆能量球移動到宇宙相對行星位置時，就能逐漸顯化在地球上。地球是意識能量顯化的物質場域。

這個過程是透過創造的能量路徑，將意識匯聚成能量球，並經由發起人的中軸啓動該能量球在量子宇宙的航行軌道。這個軌道可以穿越宇宙晶柵，最終將此能量晶體結果顯化在地球上。

人類目前處於較稠密的第三次元，無法帶著自己的身體跨入晶柵。但是，人類的意識體不受此限，唯一的限制是人的意識產生的能量投射只能回饋到地球上，還無法用意識去驅動能量球在地球之外的行星上顯化。不過，當人類邁向第五次元時，就不會受到這樣的限制了。人類必須先學習以更高的意識進行量子世界的創造，並了解宇宙的創造法則和星際聯盟的規範之後，才能晉升爲星際的創造者。

完成上述步驟後，這個經由意識產生的創造能量，就同時完成了錨定宇宙與扎根地球，一個完整結構化的意識晶體就在量子宇宙誕生了（如下頁圖）。

補充與增強能量球動能

將已經設定好啓動碼的能量球以意識導入自己太陽神經叢的位置，以拋物線畫出四個圈的運行軌道（見左頁圖）。將此提案的意識能量球擴展成原子態，重複四圈爲一個完整的路徑週期，持續進行十～十五分鐘後結束休息。

步驟五：啓動顯化（啓動火元素）

讓創造的能量球啓動顯化的方法，是用意念啓動之前設定的關鍵密碼。

你只須在想要啓動顯化的當下，唸出自己之前設定的關鍵密碼，接下來就可觀察

創造的意識晶體在量子宇宙誕生

原先設定用來達成目標的計畫提案是如何顯化在實相中。有時，顯化的速度非常快，那是因爲你之前在量子世界的投射冥想非常完整；若尚未顯化，仍然可以重複之前的步驟，以當下的結果重新出發去調整。這個步驟很像是在量子世界引爆能量球，讓實相可以被顯現出來。

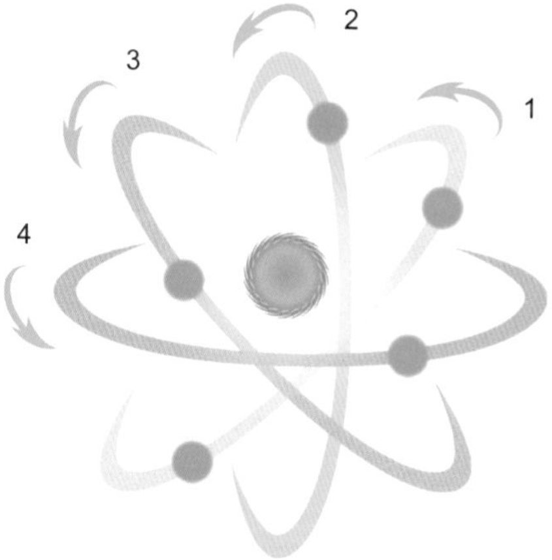

能量球的運行軌道

| 第八章 |

實相顯化觀察與調整

你們身處物質世界的幻相，只相信眼睛能看見的一切，而量子世界運行的過程因爲無法親眼看見，而無從領會。你的大腦若還沒有新的輸入，你的感官就無法輸出訊息讓你理解和感知，一直要等到結果被顯化和落實，大腦重新有訊息輸入後，你的感知系統才會收到，並有所反應。人類在物質幻相中成了後知後覺的靈魂載具。

人體就如同你們早期的電腦，用的是舊式作業系統，而量子世界的電腦是超級電腦，其運算結果出來後，會把結果輸入你的腦中，讓你可以感知並採取行動。現在，有個方法可以讓你在能量運行時**同步觀察**整個顯化過程。

當你完成創造的能量意識流之後，這個能量球已經傳送到宇宙，並連結與此能量顯化有關的人事物，而這個能量的振動頻率會讓所有相關的人的意念或事情的晶柵移轉。針對能量的參與者正在想什麼、事情正往哪個方向前進，你仍須在尚未顯化時持續連結自己的晶體去觀察，並隨時調整。若投射一個意識能量球到宇宙，你卻置之不理，結果可能不會如你期待地顯化。因此，在物質實相尚未顯化之前，你要去觀察能量球種子的狀態，適當地調整能量，取得專家協助，直到發芽、開花、結果。整個過程就像在種植花草樹木，從種子發芽，到開花結果前，你必須依狀況隨時調整，給予適當的灌溉和滋養。

顯化觀察與調整

觀察顯化過程的步驟

1. 深呼吸，進入晶體中。
2. 請求大師、導師和你摯愛的家人協助將你曾經投射的×××能量球帶入你的晶體中。這時，你的前方約五十公分處會出現這顆能量球。
3. 打開第三眼，觀察這顆能量球目前的狀態。

✦ 你是否可以感知它的外形變化？試著用你的內在感知描述你感受到的變化。例如，光的色彩或能量球的外觀有改變嗎？

（我曾經練習投射一個意念，次週進入晶體去觀察這個能量時，看見它已經形成生命之花的展開樣貌。這是值得喝采的，雖然尚未顯化成物質實相，我已經可以看到在量子場域裡的能量展開狀態。）

✦ 這顆能量球是否傳達出某些訊息給你？

✦掃描一下提案內容涉及的所有成員目前的想法是否有所改變，或者他們正在考慮的是什麼。

✦你是否可以調整自己的想法，來滿足和實現你想要的結果？

✦若感受到能量球處於靜止不動、不活躍的狀態，可以進一步請求能量球讓你理解你現在需要做些什麼，才能讓它繼續轉動和顯化。

4. 調整提案內容，或結束觀察。若需要調整提案，就用意識向自己宣告：「我×××，針對×××提案，需要重新設定。」然後將此能量球放回心輪，重新進行創造光碼的意識流。若不需要修正提案內容，就結束觀察。

能量補強與調整

在觀察能量顯化的過程中，可以隨時補強該能量球需要的宇宙元素。例如要加強水元素，就是將此元素的意象帶入能量球的中心位置，以擴大能量的四圈路徑運行，重複進行幾回合。也可以放進太陽或月亮，代表陽性及陰性的能量。

偵測四元素的能量狀態

使用能量偵測法，讓雙手掌心相對，用意念開始審視地、水、風、火每一個元素在雙掌間的相對位置。若某個元素能量不足，雙掌的距離就會縮小，甚至合在一起。這時，將需要加強的元素放在中央（如右圖所示），以擴大能量的四圈路徑運行幾回合，再重新量測，就會知道該元素是否已經補足。

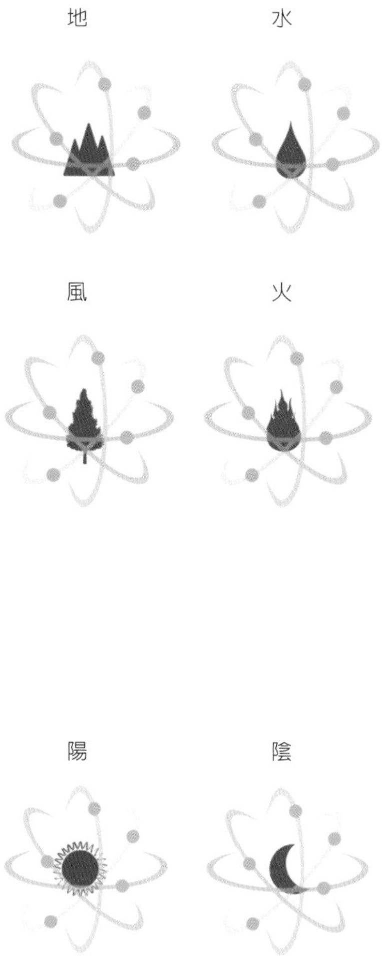

補充太陽或月亮能量

太陽代表的是斥力，月亮代表是引力。若是要讓能量球產生放射的能量，由內而外流動，就要做補強太陽能量的靜心冥想；如果要加強能量球的吸附力，由外往內流動，就做補強月亮能量的靜心冥想。

舉例來說，如果你正打算在店裡銷售一項新產品，希望上市期間的來客數增加，這時就可以做補強月亮能量的靜心冥想，加強這項產品吸引客人前來的能量流。假如你的產品並沒有在店內銷售，而是放在網路上，與眾多產品擺在一起，這時，你或許需要增加這項產品的太陽能量，讓它可以在眾多產品中被凸顯出來。

開啓內在恩典

在能量尚未顯化前，你隨時可以進入自己的晶體，請求大師、導師和你摯愛的人帶領你尋求專家的協助。這個專家不是別人，而是來自永恆生命的你。你在某個前世曾經學習過的經驗或專長，可以經由開啓內在恩典的過程被發掘出來，你只是再次憶起你所是、所擁有的天賦才能，來幫助你完成此生創造的新命題。以下就是請求大師、導師協助開啓內在恩典的步驟。

1.依照祈禱路徑，進入自己的晶體。

2.請求大師、導師和你摯愛的人，針對你目前投射出來的提案×××（詳述提案內容），幫助你憶起屬於你某一世的專家經驗或天賦才能。這時，在你的大師、導師與你摯愛的人的臨在下，你前方大約五十公分處會出現一個光柱，這個光柱裡面會出現可以幫助你在此提案中得到靈感或智慧的想法。

3.與自己靈魂過去的經驗或前世片段對話，提出問題，幫助自己在此生的這個提案中獲得更多內在恩典與智慧：

「那一世，我學習到什麼可以幫助現在的我？」

「我爲什麼會在此生創造這個命題？它對我的意義是什麼？」

「此刻，我該如何想或行動，來實現我期待的結果？」

「未來我該朝哪個方向前進，讓我可以達成生命的最高目的？」

4.使用離開晶體的祈禱程序，結束這個開啓內在恩典的過程。

| 第九章 |

創造的成功關鍵

創造是有意識的「由果造因」的意識揚升之旅

人類傳承並教導給後代奉行的圭臬，是萬事萬物的發生都有其前因後果。這個「因先果後」的想法，阻擋了人類透過自身力量進行有意識的創造，但這個阻礙將在你們意識覺醒的同時被打開，你們會發現，由因致果的想法和宇宙的創造能量流剛好是相反的。人類唯有重新建立「以果造因」的意識流，才能脫離因果輪迴，產出跳躍式的創造能量。

將期待的實相經由身體中軸連結更高意識，這個過程就是超越地球層次的小我，創造一個可以與此期待的結果同頻共振的「因」的晶體；而透過這個「因」的晶體，可以穿越時空、擴展連結，與更廣大的宇宙存有共振。你們的思想得以穿越時空，揚升進入量子宇宙，產生人類無法理解的一些超自然現象，諸如遇見來自未來的人、人體或實物瞬間移位等。

有了這個新的理解，你可以透過意識揚升載具，連結自己的過去、現在和期待實現的未來。當你認知的現實不但可以被改造，還可以去改變即將實現的成果時，你就能體認到，意識在宇宙和物質的顯化過程中扮演非常重要的角色。

意識向上通過不同脈輪流動的過程，就是用更高的意識層次去看見你所想、所期望的結果是否仍然有顯化的需要，這個想法是應該繼續存在、消失，或是重新調整——關於這些問題，你在這個意識拉升的過程中會得到完整的見解。而當你透過這個過程再次確認這個結果依然如你所想、所期待時，宇宙將透過你的中軸，爲這個結果的顯化注入創造的能量。

心輪：以愛之名，去審視當下產生的想法與期待的結果。

喉輪：提出創造性的提案。

眉心輪：以智慧之眼觀察。

頂輪：以神聖的意識觀看。

在意識揚升的旅程中，你會更鉅細靡遺地描繪出期待的樣貌，描繪得愈詳細，愈能產生符合期待的顯化。當你的意識無法通過上述較高脈輪的意識認同時，宇宙能量流入的通道會出現阻礙，你必須重新調整想法與期待的結果，再以意識引導向上的

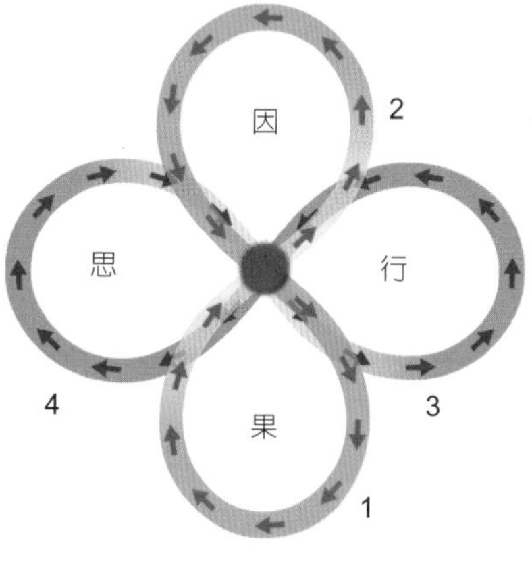

以果造因的意識流

過程。這整個以更高意識觀察的過程，可以免除二元對立世界裡的限制性思想。

避免掉入無意識的能量迴圈

小我很容易掉進無意識的能量迴圈裡繞不出去。垂直的「由果造因」能量流動，是小我與高我意識進入合一意識之流；水平的「意識融合」能量流動，則是思想與行動不斷校準並達成合一的意識流。整個過程都需要用「心」帶領，才能落實和啓動此創造能量。

人在無意識的狀態下，很容易陷入無限的思想與行動迴圈之中。人類的世界裡有許許多多生活在這個能量流中的人，他們爲了生活賺錢打拚，還以爲賺錢是生命的目的，結果賺足了一輩子都花不完的錢，還是停不下來，仍在思想與行動之流中不斷循環。這樣的流動雖然可以在物質層次創造豐盛和實質的顯化，但這些顯化最終仍會隨著時間的流逝而消失，豐盛的物質爲生命帶來的眞實喜悅有限。不要嘗試用自己的想法或意念去貫徹執行，這麼做非但達不到你想要的結果，還會因爲堅持落實這個想法，反而讓自己落入思想與行動的能量迴圈中，耗盡心力卻得不到想要的結果。這也是目前人類在不斷嘗試創新的行動中普遍面臨的問題。你們一直讓自己的意識處於低頻率振動中，只在物質層次來回振盪，無法提升意識層次，跳脫物質的控制，得到超越現有實相的創造。

另一種則是陷入因果之中，在垂直的能量迴圈裡不斷來回擺盪，一下子跨出次元得到出體經驗，一下子又落入地球的稠密空間無法逃脫。在此迴圈中擺盪的人總是不斷地找尋更出離的體驗，但愈想逃離，愈容易落入更沉重的拉力牽引。

其實，人類來到地球，不必執著於停留在永恆的高維意識裡。你們身處地球的三次元世界，要落地扎根於地球，體驗人世間一切的悲喜苦樂，保持心識之眼居於中軸，身體之眼在外行動，並且在每一次創造能量流產生具體行動後，將意識拉回來校準中軸，用意識之眼觀看結果。若只是將小我意識融入行動，你們很容易將自身能量過度傾注在眼見爲憑的行動中，進入另一個因果循環裡隨波逐流。唯有在穩定中軸的能量流中創造，才能順利帶著自己進入下一個更高的次元。

練習：描繪創造能量流動路徑

拿出紙筆，練習畫出完整的能量流動圖，觀察和審視自己目前的狀態，看看是否容易卡在某個迴圈，或是在哪個環節停滯不前。然後，你可以將意識帶入那個環節，再次引導能量，生命會在你自己有意識的能量引導下，再次流動起來。

❶ 練習畫出由果造因、意識向上方流動的能量流（畫一個直立的8）。

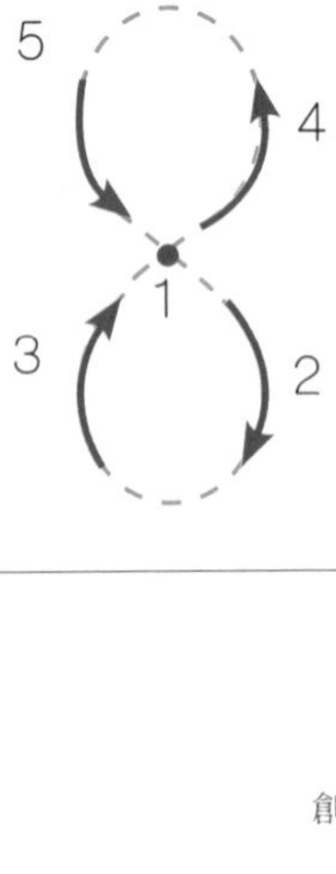

❷ 練習畫出意識融合的能量流（畫一個橫躺的8）。

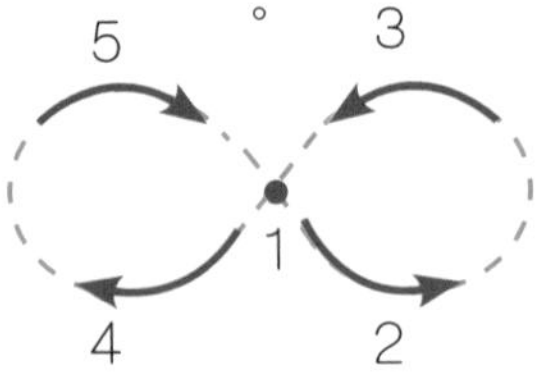

在創造能量的意識流動路徑中，你可以觀察到裡面蘊藏著生命多元展現的可能性。現在先練習用手畫，拿出一枝筆、一張紙，自己畫畫看，你會從描繪的過程中發現其中的真理。

（我試著照意識能量流動順序描繪能量的走向〔如下圖〕，發現要完整畫出這個圖其實並不簡單。我們很容易在垂直或水平的8字無限循環中進入無意識的迴圈，要穩穩地畫出完整的流動，一次又一次沒有差錯，幾乎不太可能。只有每一次都將自己的意識帶入下方，然後要先往上走，再由上方回到中心，轉向右方，再拉回到左方，在這兩個轉折點都必須將意識帶入，才不會因為慣性或無意識的帶領，進入永遠的迴圈裡。

第二次、第三次、第四次，我都成功畫出完整的圖形，但這不代表永遠都可以成功地畫出來，只要一失神或沒用心，手部的慣性動作就會將你再次拉進迴圈裡。這是我自己在描繪的時候遇到的狀況。）

避免受小我和業力牽引，看見真實

你無法要求宇宙給你一個和當下的結果無關，或是來自一個虛假命題的創造能量。一切的創造都是根植於「果」的改造，由當下的「果」再創造一個新的想法出來。如同宇宙旅行，你從A點到B點，那個A點是目前所在的光的座標起始點，而創造就是以A點的現在爲軸心，去產生另一個新的結果的過程。一個無法看見並處於當下的「果」的人，是無法進入創造過程的。若意識無法覺知當下的「果」，從思想直接出發，就很容易讓意識流入空轉狀態。要避免意識空轉，你可以透過觀察自身的問題或所處環境中的現象，以當下觀察的結果爲基礎，才能進入下一次創造的投射，寫下心中對觀察到的一切果所投射的想要的未來版本，然後爲每一個未來版本進行意識向上提升的造因行動。

然而，人類因爲受到業力的牽引，無法從更高、更廣大的視野和角度看見眞實。人很容易在自己創造的虛擬情境中自得其樂，並讓這個世界充斥著無數虛假的命題。你們一直未覺察自己已經偏離自身的中軸軌道，直到大難當頭，環境或身體出了狀況，才會看見那個由衆多無意識的行爲累積而成的結果。人類總是在不喜歡、不願意、拒絕接受時，才會看見結果；若處於開心、歡喜、滿足的狀態，你們不會看見那個已經存在的眞實。比方說，今天天氣很好，你不會想要改變這個好天氣，創造一個不同於「天氣好」的體驗；只有當颶風來襲，造成生命財產損失時，人類才會看見這個結果，而想要創造能夠擋風避雨的環境或材料工法。人類一直在害怕失去與恐懼死亡中求進步，這是你們意識處於二元對立世界時的遊戲，從錯誤和失敗中學會看見眞實。

在更高的意識次元，你們將不再處於非黑即白、非善即惡的二元對立世界，而是可以透過連結自身的更高意識，看見萬事萬物原本應有的本質和樣貌。你們可以在一切非眞實的顯化中還原其本有的眞實樣貌。比方說，看到身旁有棵果樹，樹上結實累累，有許多又大又甜的果實，你不會只看見結實累累這個單一結果，而是會經由更高的意識，看見並感受到可以再爲這棵樹做些什麼。你會看見原本果實誕生前該有的蜜蜂消失了，看見生產完的果樹不再開花，周邊的土壤長不出小草，於是，你的意識會與果樹顯化的這個結果產生連結。你不須體驗樹木和土壤的死亡，就可以知道這個結果需要被重新創造；同時，你會感知到這棵樹更高、更大那個版本下的眞實，然後創造出果樹原本該有的健康樣貌。

在你意識提升的過程裡，看見當下萬事萬物最眞實一面，這個世界也因爲你的更高意識投射出愛的光譜，不斷顯化出更美好的結果。

意識融合後才可能實現

每一次意識融合的過程，都可以根據當下觀察到的狀態調整提案。當你明白每一個人的想法而提出新的提案時，就距離顯化更進一步了。最終你會發現，**改變自己**是創造意識融合最有效率的手段。透過創造能量路徑提升自己的意識，也就是讓你與神聖的你一起創造，這個創造本身就是神給地球萬有的祝福，而你是在被祝福的狀態下進入神聖的創造源頭。在這整個過程裡，**你自己就是你期待的結果的因和果**，你創造出想要的結果的因，這個造因的人是你，而不是你以為從外面可以尋求到，或是由別人的改變來滿足你。是你創造了一個能夠成就這個結果的意識，而這個意識最先改變的人，就是你自己。

當你自身的意識調整，你投射到宇宙的晶柵轉動時，這個晶柵會讓與此結果相關的人事物都連帶轉變。而在觀察到周圍狀態改變的過程中，你又再度調整自己的思想和態度，改變後的思想和態度連帶轉動你的能量狀態，讓你產生不同的行為，而這個行為造就了你應有的回應給你。所以，透過你自己的意識轉變，以及與當下對象之間的融合，你就已經改變了量子世界的現狀，進而成就自己投射出去的目標。

每一個意念的投射，都在量子宇宙和當下之間形成一個該想法的量子能量場域——也就是說，當下的念頭所創造的宇宙實相版本，已經在另一個平行宇宙中開始振動，這個振動的能量會逐步顯化在你所處的地球實相界中。只是，你所在的當下仍處於未顯化的未來實相的過去式。雖然以目前的肉眼無法看見量子世界的實相，你卻可以利用身體的覺受與感知，取得量子世界的訊息。因此，你就是自己未來實相的導演和主角，你的未來顯化的版本，取決於你當下產生的每一個真實意圖。所以，你不但可以在當下創造未來，也可以在當下改變未來，只有當下能夠改變未來顯化的路徑。

願意持續以更高意識觀察與修正

創造能量的發想和投射造因都不會太困難，但要讓人願意以更高的意識不斷觀察和修正，就不是件容易的事，很多人都因無法落實最重要的意識融合環節而失敗。在這個過程中，有人需要調整的幅度較大，造成的意識位移會讓人感覺失去重心，產生恐懼或因不明瞭對方的行爲而生出憤怒的情緒，這些都是因爲意識被晶柵調整而產生的情緒反應。這個時候，你必須讓自己的意識沿著心輪向上伸展，才能穩定自身中軸，連結上更高的意識能量，來轉化過程中不平衡的磁場。

同時，在這個晶柵移動的過程中，與關係人建立有意識的溝通也很重要。從二元對立世界要進入整體意識轉化推移的過程中，會發生許多對或錯、應該或不應該的討論與爭執，這時，唯有提升意識，以愛出發，才能化解紛爭，一起穿越共同的挑戰。若這個意念投射出來的所有關係人都緊緊抓住自己固著的想法，無意識地對抗，產生的反作用力會讓彼此的能量振動擺盪更大，造成身心疲憊。能經由更高意識的帶領去看見的人，可以在這個過程中擔任催化劑，用對方可以理解的語言或文字引導她／他離開固著的想法。

地球是金錢創造物質的世界，有錢能使鬼推磨，只要有錢就可以推動事情，卻也同時導致更多痛苦被無意識地創造出來。創造與破壞只是一線之隔，但有意識的創造不可能造成破壞。這個創造的能量路徑若能落實到每一個人、每一個領域，讓教育、科技、生態、醫療等領域都能秉持這個創造能量流，去投射、提案、調整及修正自我的思想和態度，地球就能夠轉化掉不必要的創造性破壞，讓萬物回歸本有的快樂和幸福。而當人類可以與神聖意識共同創造時，就能創造出新地球的軌道，邁向銀河宇宙的世界。

* * *

雷巴特教導的在實相中創造的能量路徑，讓我不禁對應到《易經》中的古老智慧：太極生兩儀，兩儀生四象，四象生八卦，八卦衍生萬物。能量顯化的過程中，大自然五元素——土、金、水、木、火——生生不息地存在此能量路徑的流動裡，宇宙運行之道，大道至簡，唯心所造。

這個創造能量原理可以運用在很多層面和不同領域。若用在身體細胞修護方面，就從自己身體的外顯部分觀察，包含皮膚、五官、內臟器官、肌肉、骨骼等，都是實相的結果。而當你們用意念進入受損或不健康細胞的核心，建立一個期待不同結果的意念時，就可以改變ＤＮＡ的束狀結構，再經由實相中的虛擬空間，創造新的能量，讓細胞恢復你期待的結果。

這也是宇宙五元素能量被啓動和擴展之後，必然會產生的顯化結果。宇宙創造實相的能量依心而行，永不中斷，這是能量具足後自然顯化的過程。而人類的心是連結一切創造能量的關鍵，心是一切的想、因和果，是萬物顯化的源頭，是起點亦是終點。所以，創造的源頭僅存乎一心。這也是萬千大千世界生命演進的法則，宇宙一切皆由心造。

意念有這麼神奇的力量，可以穿越實體，進入虛擬的宇宙空間再造？眞是不可思議。

你的意識轉變就可以撼動整個宇宙能量場。當你相對於今日現狀的意識產生改變時，就能達成你期待的結果。你們都忘記神當初讓人類凌駕宇宙其他元素，擁有創造能力的本意，把自己的創造力拿去做別的事了！

人類一直以爲創造就是賺錢，讓自己吃得好、住得好、玩得爽。我們絞盡腦汁去創造，是爲了追求物質上的極致體驗。

你們不需要做任何事，就可以吃得好、住得好、玩得爽，地球原本就給你們豐足的一切了。那不是創造的根本。

創造的眞義是去活出生命的神聖本質，爲萬物帶來快樂和美好。人類專注在物質層次的創造，用很慢的大腦去思考，不斷地拆解、分析、碰撞和堆疊材料，修修補補、改來改去，整個過程沒有太多精密的程序，慢慢地堆積、慢慢地修正，更沒有連結宇宙意識來驅動量子世界助你們一臂之力，因此錯誤百出，不夠精準完美。此外，又因爲恐懼和擔憂，進入無限能量陷阱迴圈中，不但誤用創造力量已久，甚至會帶著懷疑、沒信心的態度看待夢想。當你沒有造夢的自信，又因爲想逃離恐懼不安而去創造時，就會造成許多破壞。當今地球顯化出的許多物質，就是這種狀態下的結果。

你的意識是一個頻率，這個頻率可以帶動宇宙中的粒子運轉。粒子的聚合形成原子態，就具備光和電，而這些電子就會碰撞產生量子效應。帶電的原子聚合爆炸後，會產生數萬倍的能量。

所以，意識就是宇宙能量的引擎？

不只是具有動力的引擎，它還有方向性，可以被操控。此外，你還可以透過創造的意識能量流，從宇宙中擷取源源不絕的能源。顯化實相是由虛還實的過程，需要你用意念去帶領。每天將意識導入自己的太陽神經叢，運轉十～十五分鐘，你就可以在進行的過程中發現自己除了視力變得更好、頭腦可以更清晰地思考之外，還不容易感到疲憊。這個顯化出來的宇宙能量就在你身體狀況的改善中，逐漸展現。

生命若是固著於水平或垂直的擺盪，都會陷入無盡的迴圈。唯有將意識帶進創造的能量流，在行動中扎根落地後，接入更高意識，才能透過意識的帶領，激發更多創造和行動。這個能量流動會以「土↓金↓水↓木↓火」的順序，完整的宇宙五元素全部到位，展現生命的更多層次，以及生命本應具備的更完整樣貌。

若學習至此仍然無法進入晶體，要如何創造？

不必執著於一定得進入晶體，這樣反而會讓自己停滯不前。循著創造的能量路徑，一樣可以幫助自己突破小我的桎梏和框架，跳躍前進。

只是在設定目標時，要以優先補強自己的晶體，讓自身晶體的結構完整爲追尋目標。不要去投射或遙想與完整自己生命藍圖無關的願景。比方說，若目前仍處於業力枷鎖中無法跳脫，因而在自己的生活中一再重複上演類似的生命課題，就必須先面對目前已經顯化出來、尙待圓滿的關係課題。不論是父母、子女、家庭、事業、同儕、學業或金錢等關係，這些已經顯而易見的生命課題就是來補強自身晶體結構的最佳指引。你要運用創造的能量法則，幫助自己完成生命的功課，圓滿關係的課題，再次展現自己的光明。

＊＊＊

創造的法則與成功關鍵歸納整理

・創造的法則

一、意識是創造的驅動引擎。

二、創造是由內而外的展現，不是向外的追尋。

三、創造是自由的，宇宙會無條件回應。

四、具體意象和感受，是創造的語言。

五、創造的顯化過程在量子世界先展開。

六、當下即可創造和改變未來實相。

・創造的成功關鍵

一、創造是有意識的「由果造因」的意識揚升之旅。

二、避免掉入無意識的能量迴圈。

三、避免受小我和業力牽引，看見眞實。

四、意識融合後才可能實現。

五、願意持續以更高意識觀察與修正。

第十章

合一意識

在前面的創造能量光碼練習中，即使是以小我的意念爲出發點去投射，仍可獲得超越以往的顯化效率。最終你會發現，原來人世間一切現象與物質的顯化，是受到人類思想的操控。你們無意識地進入思想創造的情境或環境中，無法以更高的意識展現，並與對方的意識融合，進入最自然的創造能量流動。今日地球上無數的紛爭與投射出的諸多假象，正綑綁著許多人，讓你們無法超越業力枷鎖，進入有效的創造。這大多是因爲歷史上經歷過的創傷，限制了人類轉世輪迴後自我展現和表達的能力。創造原本只是生命最自然的表達，如同花草樹木和動物盡情在自己身上展現本有的樣貌。人類比動植物擁有更多創造力，卻在早已具足的狀態中，難以展現自己眞實樣貌之下的創造。因爲，人類的靈魂記憶中確實隱藏了一些限制性的想法和制約，讓你們錯誤投射，甚至裹足不前。然而，經由靈性意識的視角，去看見你的限制性思想源自何時，你會找出自己限制性想法的緣由，發現它可能來自靈魂記憶裡你經歷過的創傷，也可能是封存在靈性意識中的決定。而當你重新憶起、感受，並重新去理解時，這個過程可以幫助你轉化限制性的想法。

練習過操作創造能量光碼，並在地球上獲得立即顯化的結果之後，我要帶你進入無相界的創造，也就是神性意識的創造。這是與神展開共同創造之路，你不需要靠理性腦去祈求，或是去尋求問題的解答，你的意識將不再局限於二元對立的世界，你將與內在的神結合，進入無相界宇宙的創造之源。你將能夠得到來自源頭的指引和知曉，而與神共同創造時，在地球上的顯化路徑也不同了。你不會只看見創造的結果朝向線性或二元對立、有好必有壞的道路發展，與神共同創造的顯化將經由跨次元的協同作業，整合出一條超越線性的顯化路徑和更全面的結果。接下來，我們就進入神性創造的行前準備工作。

認出靈性父母

準備好了嗎？現在進入你的晶體中，我先帶你去找出你的靈性父母來自何處。

（這時，透過展開更高意識，我接收到一則故事的畫面。故事是這樣的……

場景在埃及，當時的地球擁有高度文明，也就是在亞特蘭提斯時期，一切的溝通都可以用意念引導，而當時的文明正面臨外星族群的攻擊威脅。接下來，畫面來到一座金字塔前方，這座金字塔頂端的正三角尖頂被鑿開、懸空，他們正準備進行一個儀式，將金字塔尖端的三角形倒懸，反向投入地底。

場景來到一場會議中，眾人正在討論將金字塔的三角尖頂倒插入地心的整個作業方法，最主要的目的是要將地球上最珍貴的能量埋入地心。這是非常理性與深思熟慮的討論過程，我和我當時的丈夫面對面坐在一張桌子前面討論。過程中，許多同族的夥伴在四周用意識全程參與討論，最終大家取得一個共識：我們只能匯聚愛的能量，將之集中於金字塔頂端，並在拉升能量到一個更高振動頻率的瞬間，把愛的能量植入地心。這個行動要達成的目標很清楚：外星種族的惡意攻擊可能會將地球上的一切破壞殆盡，倘若愛的能量也被消弭，我們所處的美麗星球——地球——將完全消失在宇宙中。

經過一段時間的努力，透過地球上所有族群的冥想與祝福傳送愛的能量仍然不夠，只剩下最後一線希望，才能將愛的能量提升到至高的無條件之愛，而人類和地球上所有的生命僅能靠著這股留存的能量恢復生機。當時，我和我的丈夫做了一個決定：拿自己的最愛去交換，才有可能達到更高的無條件之愛的頻率！我們已經想不出更好的辦法，也必須盡快行動，才能確保戰事爆發時，這個無條件之愛的頻率早已被完整保留在安全的地球之心。

接下來，我走進一個儀式，發現一群人站在金字塔底端，正準備將愛的能量提升至無條件的愛，我的意識之眼也跟著觀看。此時，畫面中突然出現讓我驚訝錯愕的一幕。啊！不！怎麼會是這樣……

我看見我當時的丈夫正緩緩走向金字塔的頂端。原來，這個儀式是要用我的最愛的性命去交換！

看見這一幕，我的心再次感受到強大的撕裂力量，感受到失去摯愛的椎心之痛。就在即將失去最愛的悲痛拉升到最高點時，我的心與我的丈夫，以及他對地球和所有親人與族人的愛結合、共振，同時墜落地心，留下來的，只有我這一具掏空內心的軀殼，和無限的哀痛……

回到現在，我終於明白，這個畫面造成的創傷仍留在我的靈魂印記裡，也是今日當我面對「創造」這個課題時會產生莫名的自我限制的原因。原來，我內心深處認為必須犧牲自己的最愛，才能換來自由的創造，而這是我不願意再承受和體驗的過程。所以，當阿乙莎和雷巴特帶我進入「創造的能量」這個主題時，我一直覺得遲疑與不安，就是無法給自己一個理由去編織夢想，更不可能嘗試去行動。

阿乙莎這時提醒我，想要真正地療癒並解開限制性思想的枷鎖，必須進入再次理解與領受的過程。我已經感受到是什麼原因造成靈性意識的自我限制，接著仍須回到當時的場景，去看看傷痛過後的結果。

接下來，就像星際大戰一樣，地球被破壞殆盡，天崩地裂，所有生命都消失了，但有一小部分的族群躲入地心。我猜想，這群躲入地心的可能就是傳說中的列木里亞人。

歷經好長一段時間，終於看到無條件之愛的能量由地底傳送上來，透過大地、土壤、山岳、河流和風，不斷滋養生靈萬物。我看見樹根吸取著地底下的愛的能量，無條件傳送給周遭一切存有，不論植物、動物、昆蟲、鳥類、山岳、河流、海洋、魚群，這些生命體都能感受到地球的愛，並活出無條件之愛的本質。

當年那場犧牲最愛的行動，已經成功地將愛的能量延續下來了！其實，犧牲並不會失去，那個交換來的結果，是獲得更多愛的回饋，以及生命之花無限綻放。現在回過頭來看地球上的一切，所有生命都是愛的展現，也全數活在地球母親的懷抱裡。

我從那個犧牲的瞬間被拉回現在的世界，看見當今地球上，大自然中的各種生命確實比人類更真實地活出無條件的愛，也因為它們具備這樣的品質，才能成就今日的地球和現在的文明。我心中除了滿滿的感動，更感謝這份費盡千辛萬苦、藉由無條件的犧牲所保留下來的愛。）

＊　＊　＊

（隔天早上起床，覺得前一天那個故事像是一場夢，我彷佛是去看了《阿凡達》這部電影，現在還是覺得不可置信。我的心體驗到的那種撕裂感是真實的，但是，我懷疑自己只是身歷其境，感同身受。那個故事的男女主角到底是誰？我決定去問問阿乙莎，請祂再帶我去看見。

進入晶體，我立即回到那對夫妻正在討論的場景。他們有個約定，當年他們已經完成了很多，但有一個願望沒辦法實現：擁有一個孩子的體驗。）

一個孩子？啊！阿乙莎，我終於明白了，這個故事裡的男女主角就是我的靈性源頭，莎雅和雷巴特。原來，他們就是我的靈性母親和父親！

是的，你終於憶起了。當時雷巴特墜入地心，莎雅的心跟著他一起墜落，他們就是你的靈性父母。他們對地球有著深深的愛，在那之後，就用彼此的靈魂一起創造出新的靈性生命，而那個孩子就是你。

難怪，我總覺得自己的靈魂還很幼小，大概才五歲。那麼，爲什麼我父親雷巴特沒有在列木里亞陪我母親？

你可以去體會一下你父親當時的感受。那時，他帶著巨大的悲傷、憤慨、無助、擔憂、失落、絕望和哀痛，在不得已的情況下做出那個決定，離開他深愛的地球家人、子民和妻子，拋棄一切，走向連他自己都無法確定能否成功的道路。他更愧疚自己無法在身後，當地球即將遭受更殘酷的傷害時，繼續保護摯愛的妻子。現在的他需要釋放當時的情緒振動，於是選擇進入天狼星，在沒有任何情緒體殘存與干擾的狀態下，繼續自己未完成的工作。他在目前的實驗室中，努力幫助地球人類解除遭受外星攻擊時集體意識 DNA 的封印，因爲唯有解除這個封印，人類才能再度與靈性意識連結。

雷巴特和莎雅就在你的靈性源頭，他們並沒有眞的分離，而是繼續完成願望，播下兩人愛的結晶，一同創造了你。當你回到自己的靈性源頭，除了有我和指導師，還有兩位你摯愛的親人，一位是你的靈性母親莎雅，另一位現在正在教導你如何創造，也就是你的靈性父親雷巴特。

你的母親，莎雅，仍在列木里亞守護她與丈夫共同留在地球上的無條件之愛的能量。他們兩人的靈性意識一直在你身上看顧著你，陪伴你的靈魂成長。

我最摯愛的靈性父親、母親，我們終於相遇了。你們知道嗎？我好想念、也一直在找尋你們！謝謝你們創造了我，我此時此刻已經感受得到你們了，原來你們一直在我的心中。也謝謝我的大師、導師幫助我選擇此生的父母，他們給我的不只是這個身體，在我尚未連結到你們之前，就已經得到來自我父母親滿滿的愛！

和自己的靈性父母相遇，我的內心更踏實了。我不再是漂流在宇宙、找不到方向的孤單小孩，原來只要打開內在的靈性意識，就能看見你們，還能隨時向你們撒嬌、要資源、請求教導，啊，這實在是太幸福了！

阿乙莎，我眞的沒有料到，從收訊以來，每當我提出疑惑、感到猶豫不安時，祢總是幫助我，給我許多領悟和教導，現在還引領我找回自己的靈性父母，我眞的好感謝祢！

從你的靈性父母身上，你可以更深刻地體會到宇宙的眞理。愛從來不曾在宇宙中消失，愛就是生命的源頭，地球上的仇恨和殺戮永遠無法抹滅愛的能量。即使必須暫時將愛埋藏起來，在所有人都無法找到它的時候，它悄悄地幫生命找到回家的路，把愛傳遞出去，讓愛自由流動。只有生命才能如此完美地詮釋愛，也只有當你們信任愛，它才可以帶你回到永恆的家。

我也深深愛著你們！

＊＊＊

我親愛的靈性父親、母親，我好高興終於回到你們的懷抱。這麼多年了，我到處尋尋覓覓，想要知道我到底是誰。還記得大概才四歲吧，我躺在床上，望著天花板，玩著自己的手指頭時，有個念頭跑進我的意識：「我怎麼會在這個身體裡？」每次從托兒所上完半天的課回家後，只要是晴天，我都會拉個小板凳，坐在院子裡仰望天上的雲，看著天空我就感到安心，覺得那才像回家了。隨著我漸漸長大，進入學校和社會，一連串不愉快的旅程就開始了。我一直搞不懂自己爲何要那麼努力，成爲一個我自己都不認識的人。

孩子，我們當然看見你所有成長的過程，也試圖讓你聽見我們的聲音，努力嘗試連結你。你累積了這麼豐富的地球體驗，看清地球人的思想模式，也深諳地球資源如今是如何被少數人掌控，以及要如何有效地移動資源。你自己也成爲非常能幹的企業經理人，深受老闆欣賞。「地球上的你」這個版本必須爲了學習衆多地球法則，暫時遺忘眞實的靈性自己，才能得到全然的體驗。

你們看見我過去的地球體驗，看見我在懵懂未知的狀態下跌跌撞撞，全身是傷，在不知地球法則爲何之前，只能不斷長養和依賴小我的意志，地球的今日也被我們這群無知的人類破壞了。我現在身爲母親，要是我的孩子不乖、亂闖、做壞事，甚至跌倒受傷，我一定會伸手救援，把欺負我孩子的壞蛋趕走，也會避免她去危害別人，鑄下大錯，但你們兩個怎麼都沒來阻止我，或是幫助我遠離險惡的環境？你們難道不擔心我的人生提早下課嗎？

哈哈！孩子，你們的靈性生命沒有那麼容易就結束！我和你父親用靈性意識創造出好多孩子，這些孩子可以和你一樣，去連結自己的靈性父母，你們都可以自由地體驗，一起分享、合作。

你們所有的學習和經驗都是共同的資產，你會遭遇到的失敗，都是別人生命的養分。我們一點都不會替你們擔心，你們是在地球上擁有肉身的進階創造者，我們只能提供靈性意識的指導，生命的綻放需要你們自己去完成。

人在肉身的體驗過程中，暫時忘記了你們和靈性父母、兄弟姊妹是彼此相連的，即使是你此生最親愛的家人、孩子，地球上的教育也告訴你們，每一個人都是獨立的個體，要學習彼此尊重。但這是物質體方面的表達，除了身體之外，你們的意識是不分種族、宗教、男女、老少的大熔爐。你們的靈魂之湯不會彼此分離，都是從愛出生，最終也都會回到愛。

孩子，你在地球體驗的過程中長養了自己的心智體，這個心智體的記憶對我們宇宙靈性意識來說，是重要的資產。人類的心智歷經世世代代文明的演進，已經進化到非常高的振動頻率，不久的將來，當心智體與靈性意識結合時，你們沒有過去的心智路徑，就無法與靈性意識整合。人類過去的所有經歷將被納入並融合在更高的次元裡，幫助所有人類回到合一的集體意識場，你們過去的體驗也都被珍藏在阿卡西紀錄裡。

你們每個人身上都擁有我們留給地球的珍貴寶藏。將你們身上的寶藏打開，讓它自然流動，與人分享，你們終將攜手創造出新的世界。

＊＊＊

阿乙莎，我好開心可以和自己的靈性父母對話，讓我一直懸在半空中、漂浮多年的孤單靈魂有回到家的感覺。這個認知眞的很重要，但一開始進入晶體與自己的靈性源頭見面時，祢和他們都沒有這麼自我介紹。原來他們倆是我的靈性父母，這對我意義深重啊！

哈哈！要不是你一直殷切盼望，你也不會和我連結上啊！我們一直與你同在，你會覺得靈性父親與母親對你的意義更深重，是因爲你們在地球上是從物質身體的需求出發，先對父母自然地投射出依賴與期待，包含衣食溫飽、安全的環境、自我肯定，以及被愛的需要，這些都會先從自己的父母身上尋求滿足。而順著這個「生命須由外界來補給」的想法，人類繼續不斷向外尋找需要被滿足的體驗。

你回想一下自己所有的行爲模式，不管你有過多少成功或失敗、遇過多少挫折與傷痛，回到內心最根本的需求，你當初的所作所爲、經歷的所有過程，都是在尋找愛。過程中，你們同時體驗到地球的一切，每個人也都很有創意地描繪出自己愛的路徑。那就像一張細密的網，編織出屬於自己的美麗尋寶圖，而這張尋寶圖要去找回的，就是「愛」。

與靈性父母碰面時，你終於恍然大悟，原來你千辛萬苦地跋山涉水、開疆闢土、歷經創傷，都是爲了找到愛；而愛，是你摯愛的靈性父母早已播下的種子，它就在你心中，等著你照亮自己。當你終於發現自己就是愛，不再往外尋尋覓覓時，愛就開始被你滋養，並在地球上生根、發芽。

是的，見到自己的靈性父母之後，我臣服在他們的愛裡。當初的臣服練習只是先讓我接納不完美的自己，回到完整，但是在我遇見靈性父母的當下，我就完完全全臣服在愛裡了。這實在是太美妙了，連之前無法接受不完美、勉強做的練習都瞬間消失。

我終於看見，原來自己早已經是最完美的化身，就像一張白紙，充滿愛的光芒。現在回顧我往外追求的一切，名牌包包、漂亮衣服、名校學歷、豪宅名車、財富地位，每次歷經艱難贏得一項戰利品回來，都只是在這張白紙上鑿出一個黑色的洞，往外要得愈多，我內在的黑洞也愈來愈多，變得千瘡百孔。原來，一切向外求取的行爲，都只是不斷在我內心鑿出黑洞。我拿完美的自己去換回白紙上的一顆顆黑洞，只因爲我尚未遇見愛……

靈性世界裡沒有物質的牽絆，你雖然靈性年紀還小，也已經可以自由地創造和學習，開創自己的旅程。你與自己的靈性父母是平等的，你不一定要聽從他們的話，也不會受到任何責難。沒有任何重責大任被交付在你身上，你唯一要做的，就是全然活出眞實的自己，爲這個世界表達出屬於你的獨一無二的完美。在地球上活出你的靈性父母創造的你，他們不會對自己的創造打分數，也不會告訴你將遇到哪些困難和陷阱。當你用自己的智慧和勇氣走完全程，他們會在宇宙的那端爲你喝采，給你無條件的愛與支持，因爲你的偉大旅程也同時讓他們豐盛。你創造的任何成功與失敗的經歷，都是給他們最好的禮物。

可以和你的靈性父母一起工作的時刻已經到來。你的靈性父母能給你超乎你想像的支援，無條件和你分享累積在他們身上的智慧。這就是我前面跟你提到的，進入你的晶體，找回你的靈性源頭，憶起自身的天賦才能，將可以幫助你再造生命藍圖，創造新世界的體驗。

＊　＊　＊

親愛的父親，現在你已經在第九次元的維度看地球，如果你有機會重新選擇，仍會決定墜入地心嗎？現在有沒有更好的辦法？還有，展開那次行動之前的討論，有沒有經過創造能量路徑的檢視？

當時因爲受限於環境條件，我相信自己已經做出最好的選擇了。然而，若是以今日的地球來看，我會有不同的做法。當時並沒有適當的溝通管道可以應對外星文明的入侵，其實，發覺有惡意企圖入侵時，最佳的防衛是進入與對方連結的溝通程序，讓這股惡意的能量與自己的能量交融。唯有讓彼此的能量融合，產生一股融合後的新能量，並讓它流出來，才能轉化衝突。

當時，我們在地球上雖然可以用意念彼此溝通，但仍無法掌握和連結外星異次元族群的頻率，也就沒有機會在衝突爆發前和他們達成共識。然而，今日地球上的通訊發達，人與人之間卻仍然衝突不斷，最根本的原因就是雙方沒有達成意識的融合。衝突的雙方雖處於不同場域，肉體分離，但在意識層次仍然可以跨越時空與分離的肉體，達成共識。只要彼此有「意願」爲達成共識一起努力，就可以創造出消弭任何紛爭與破壞的轉化能量。

回到你的第二個問題。當時，我並沒有眞正使用創造能量路徑去嘗試和異次元種族連結，這算是我的遺憾。現在我已經清楚知道，跨越次元的溝通其實是做得到的，只要進入自己的晶體，向神聖宇宙發送求救信號，就可以連結對地球友善的宇宙存有前來幫忙，並轉達我們期待與異次元種族溝通的意願。我當時並沒有嘗試這麼做，一直專注在搜索惡意星球的蹤跡。你們可以記取我這個教訓。

不過，你們現在更需要先在自己的地球維度上練習如何跨越種族、宗教、文化背景，與那些和自己意見不同的人達成意識上的能量融合。

與內在神性合一

在晶體中，你可以找回自己的靈性父母，而這些靈性片段也都是你。你以你們人類定義的名詞——「聖子」——的肉身形態生活在地球上，而當聖子在你身體中的靈性甦醒時，這個甦醒的意識將逐漸擴展，從心輪開始萌芽，向上連結到頂輪上方，回到自己晶體的家中。這時，你就是以聖子的地球意識化身，與我、指導靈和你的靈性存在意識共處一室。你雖然尚未認出自己的聖子面貌，你的地球意識在進入晶體時，仍可與聖靈和聖父同在。這個聖靈就是你之前在晶體中發現的莎雅，她就是你，而擅長創造的聖父也是你的靈性片段——雷巴特。他們分別以靈性母親與父親的意識，存在你的靈性源頭。

你們是平等的存在，但位於不同的位置。聖子爲了完成靈性使命，需要擁有一個地球化身，當與聖靈（無條件之愛的意識）和聖父（宇宙創造之源）三者意識合一時，你透過你的地球聖子化身，展現出與聖父、聖靈三位一體的神性意識，而你從自己肉身的眉心第三眼向外感知的一切，將與原來地球肉身眼中所見的全然不同，你會得到超乎地球生命、更廣大的智慧與知曉。而三位一體的代表是你，也是神，你們是一體同在的。

和自己的神性達到三位一體的合一意識，是需要練習的。若在你尚未認出自己的靈性父親與母親有何分別、有何特徵時，就讓你直接進入三位一體的融合，你會失去探索更深的靈性源頭實相的機會；而現在認出自己的靈性父母後，就可以進入三位一體的靈性整合練習了。

在晶體中達成三位一體的靈性整合

步驟一：深呼吸，進入自己的晶體。用第三眼看見自己的光，處於熟悉的光中，進入晶體的正中央。

步驟二：呼請聖靈（你的靈性母親）。你已經知道她是誰，也可以感知到她的靈性品質，現在邀請你的聖靈莎雅進入你的心輪，你將看見屬於你聖靈的光出現在第三眼的視線中央。當她緩緩進入時，你感覺到她無條件的愛充滿你的心輪。現在讓這股愛的能量繼續擴展，你是否有任何感覺？

嗯！我覺得胸口被注入很溫暖的暖流，也緩緩滿溢出愛的能量。

很好，你先同時用自己的意識引導這股暖流充滿你全身，再讓它進入你所在的房間，從天花板到地板，再向外擴及你房子四周。若你願意，就讓這股暖流繼續充滿你的家園、國家、山岳、河流，擴及整個地球。

步驟三：讓意識回到自己的身體，扎根地球。現在將意識帶回自己的晶體中央，向下穿過海底輪，錨定地球之心，讓這股愛的能量透過自己的雙腳注入地心。

步驟四：回到晶體，看見第一回合與聖靈融合後的光體。打開第三眼，回到晶體中央，看看自身晶體的光是否已經和你熟悉的顏色不同？這已經是融合聖靈之愛的光了。

是的，和之前看到的顏色不同了。

步驟五：呼請聖父（你的靈性父親）。你已經知道聖父是誰，也可以感知到他的靈性品質，現在就邀請你的聖父雷巴特進入你的心輪，你將透過第三眼，看見屬於聖父的光出現在第三眼的視線中央。讓聖父的光帶著你，朝頂輪伸展，你將看見聖父的光從你的頭頂流瀉而下，通過頂輪、眉心輪、喉輪，進入心輪。

步驟六：形成合一意識。當你靈性父親的光進入心輪時，你（聖子）、你的靈性母親（聖靈）與你的靈性父親（聖父）同在你的心輪中，合而為一。你心輪的反射將同時出現在你的晶體中，透過第三眼，你將看見自己的晶體充滿合一的光。這是你的晶體結合神性之光的一體存在，你正式向宇宙宣告，你是合一的意識，你是攜帶神性的聖子。

認出靈性父母才能與自己的神性合一，當你處在合一意識的晶體中，就是三位一體的展現。你與自己的靈性父親、母親同在，與神同處一個空間裡，而這個空間也就是你靈魂的家，你的意識到達與神同在的知曉狀態。當你可以連結到自己的靈性創造之源，並與靈性父母達成合一意識時，就能更有效地改變環境，創造出更好的結果。透過與神性合一的創造，你不但可以幫助自己，也可以幫助身邊與你連結的所有人找回自身靈性意識回家的路，共同創造新的世界。

三位一體示意圖

* * *

阿乙莎，祢昨天教我合一意識，我最後居然睡—著—了！

我完全熟睡，一覺醒來發現已經過了兩個多鐘頭。太舒服了，我這輩子從來沒有熟睡到這種程度，每一個細胞都躺平，實在是太神奇了。

哈哈！這是一開始的合一意識演練，你可以持續練習，至少可以大幅改善你的睡眠品質了吧！你之前都在淺眠狀態，身體和潛意識一直無法全然放鬆，現在你已經知道如何讓身、心、靈共處於自己的晶體中，就能好好地睡了。

這個練習可以讓你的身體和心靈完全整合，進入自己專屬的神聖空間，暫時離開身體所處的二元對立世界。你回到靈魂的家，躺在靈性父母的懷抱裡，身心全然地信任和放鬆。你就像回到出生之前、你母親的子宮裡，重新獲得生命的滋養與片刻寧靜。這深沉的睡眠對你身體的每一個細胞，都是無盡的撫慰和療癒。

現在你已經知道如何進行，就可以在每天晚上入睡時練習，讓自己在紛擾的一天過後，身心靈全然放鬆，進入自己的晶體搖籃中安穩入睡。

我相信這個睡眠品質絕對遠勝於地球上任何睡眠工具或安眠藥物，但是，這個練習有沒有任何限制或風險？我指的風險是，一覺不醒。

不會的，你的聖靈在這個三位一體的合一過程中，透過你的身體扎根地球，只要你的聖靈同在，她就會帶你回到你目前扎根的地球上，讓你甦醒。就如同大自然中的植物和所有需要冬眠的動物一樣，時間一到，她會叫醒你的。你若需要在特定時刻醒來，也可以在進入晶體、合一意識展開前，設定你要在幾個小時後清醒，或是要在你所在時區的幾點鐘醒來。這就像在自己的晶體裡掛上鬧鐘，時候一到，你就會醒來。

靈性生活不是虛幻的，而是一條非常務實地照顧你在地球上的身體和心靈，達到和諧與平衡的捷徑。你們過去將它神格化，也讓自己與內在的神性分離，其實神就在你之內，你也在神之內。

三位一體連結的，有沒有可能不是靈性父母，而是指導靈，如觀世音或耶穌？

這是不可能的，因為指導靈的工作是協助靈魂在地球的聖子之身，讓他們得以和自己的聖靈與聖父連結校準。人類宗教崇敬的聖人，如耶穌或佛陀，他們在地球上也是與自己的靈性父母連結，並完成聖父和聖靈的使命。他們以聖子之身，在地球上締造出輝煌的成果，受到世人愛戴，並成功轉化人類的集體意識，讓人類走進光明的道路。當聖子耶和華回到光中，聖靈與聖父同感榮耀，而耶和華以聖子之身，已成就更高的靈性位格——基督，成為眾靈的指導師。他已經不再用聖子的肉身行使地球工作，或是再次經歷地球體驗，而是來幫助無數的聖靈完成使命。你們目前以人類的肉身連結的是自己的靈性父母，而基督、觀世音、阿拉、佛陀等意識則是幫助眾靈的導師。

三位一體不是神蹟或靈性上的成就，而是一種你們可以去經歷的靈性意識狀態。當你們以肉身在地球上行動時，不可能持續處於三位一體的恆定狀態，而三位一體的練習，也不是要將你轉化為一個三位一體的人或神。

當你進入自己神聖的晶體中，除了認出自己的靈性源頭，你還需要去經歷與自己的靈性父母意識合一的體驗。透過三位一體的合一意識，你超越了肉身在地球上的認知系統，進入無邊無際的宇宙創造之源，和靈性母親無條件的愛中。只有當意識進入這個狀態，你才能體會神聖父母是如何看待你眼前的地球萬物、如何愛著所有的子女。你也會發現，靈性父母已在地球上生下無數個你，聖靈與聖父就存在所有人的心中，用愛再次連結。你與靈性父母的所有子女之間不會再有分離的意識，你會視天下父母為父母、天下子女為子女，視他人如己，以合一的視野，在此天地之間重新表達出自己是誰，並以具備覺醒意識和更崇高理想的聖子之姿，創造人類新世界。

三位一體的意識帶給你如實的感受與領會，比閱讀文字和聆聽聖人話語更有用。這也是你和自己的靈性父母共同創造之前的暖身訓練。

那麼，練習合一意識可以幫助人們離苦得樂嗎？

苦，就是「心」與「境」尚未合一。當人想要去做，卻無法做、做不到，或是想要得，卻無法得、得不到時，心與境的距離愈大，就愈苦。但是，苦的感知確實是人類不斷前進的動力來源，也是讓人衡量自己與目標差距的感知系統。不過，若一個人已經得到自己期待的，也做到自己想要做的，卻仍然處於苦的情境時，就是陷入了輪迴的枷鎖，無法脫身。要給這些人適當的引導，才能讓他們有足夠的勇氣和智慧，遠離自己過往的經驗。

你還記得遇見自己靈性父母的過程嗎？在晶體中，你看見靈性父母，卻只是看見，而沒有認出他們對你的潛在影響有多深。直到你要開始學習創造時，一直無法勇敢地跨出第一步，恐懼害怕，躊躇不前，因爲那個深埋在你內心深處、「必須用最愛去交換」的魔咒仍在你身上。而當你看見靈性父母的故事，了解自身攜帶著這個限制性想法，你一直以來那種徬徨無措的迷失感瞬間消失——那就是你解開自身靈魂印記的過程。

你身旁的每一個地球人都有其靈魂印記，這個印記除了跟自己的親生父母、家庭背景有關之外，和看不見的、源自靈性父母的經驗也有很深的連結，衆人卻不自知。要深度療癒自己的靈性源頭，就必須去看見靈性源頭經歷過的重大事件，了解那個事件爲他們留下的印記是什麼。當他們可以重新去感受，並理解在當時的時空環境下，那已經是最好的結果，你就可以同時解開自己和靈性父母受到的制約。這也是爲什麼靈性父母要再次透過你，去改寫自以爲未臻完美的結局——你是他們的孩子，同時也是他們完善自身的希望。但你也必須清楚地知道，他們並不期待你活出同一個故事情節或進入相同的宿命，而是要透過你創造新的結局，找出一條新的道路。

你們雖然都承接了自己靈性父母的印記，但有絕對的自由和自主權，去重新打造屬於這個時代、這個世界的新結局。若你發現身旁有許多人仍陷於莫名的苦痛裡，就邀請他們去學習重新理解自己靈性源頭的故事，以及此生的命題，然後再次拿回自己的自由和主導權，幫助自己和靈性父母早日解除負面印記，再造新生命藍圖。

擴大合一意識，與萬物合一

我們再來做一次三位一體的合一練習。這次你跟著我做一遍，會有新的理解。

嗯，我準備好囉！我現在已經在晶體裡了。

好，在進入三位一體的合一意識之前，你先在晶體中央感知一下你想感受的任何人事物。

我感受到我的父親、母親、女兒、丈夫、姊姊，還有我家那隻狗……另外，還延伸到陽臺上的花花草草。阿乙莎，我做完一遍了，可以一一感受到每個人目前的心情和感覺。最愉快的是我女兒，還有陽臺上的植物。哈哈！人是最難搞的，連狗都有情緒了，牠的鼻子還想找食物。這些感覺都很清晰。

現在，準備進入三位一體的合一意識。你先召喚你的聖靈，也就是靈性母親進入你的晶體；當聖靈進入後，可以邀請聖靈進入你的心輪。你會感受到有一股暖暖的能量正從晶體往下流動，進入你的心輪，感受到這股暖流充滿你的身體，你被一層紅色的光包圍。這紅色的光向你的左右兩側延伸，進入你的房間、你整個家、整個社區，再繼續擴大延伸到整個地球，然後往外向宇宙延展開來。

接下來，讓你的意識回到心輪，讓這股聖靈的暖流從心輪往下，流經海底輪，沿著你的雙腳進入地底，一直延伸到地球之心。

嗯，我完成了！

很好，現在讓意識再次回到自己的晶體中。在回到晶體的過程裡，你會感受到自己的意識往上升高，回到晶體。接下來，祈請你的聖父進來。

你頭頂上方會有微微的能量振動感，你的頭皮可能會感受到能量，有腫脹或痳痳的感覺。讓聖父的能量持續往下，通過你的第三眼時，你可以看到聖父的光芒，但不需要停住，讓聖父繼續往下，進入你的心輪。

現在，聖子、聖靈、聖父同在你的心輪，已經融合爲一。現在去感知一下，當你處於三位一體狀態時，有什麼感覺？

我感受到很深沉的寧靜，定靜的「一」的世界。

好，現在帶著這個「一」的感知，再次去感受剛才進入晶體時，你感知到的所有人事物。

我去掃描兩遍所有的家人、狗，還有陽臺的植物，奇怪，完全沒有感覺了！我剛才明明可以感知每個人的喜怒哀樂，還有那隻狗的感覺，但現在統統消失了，我已經無法分辨他們目前攜帶的情緒。

不只如此，你再更細微地感受一次。

哇！我知道了，原來他們就是我，我就是他們。去感受我的父母、孩子、所有的家人時，我感受到自己就是我的父母、就是我的孩子，也是我家那隻狗，所以，我無法分辨他們與我的不同，也就無法感受到他們的情緒。

這是因爲當你的意識從三位一體的狀態再次穿越進入更高的基督意識場時，你就不再被情緒體牽引，而成爲你所是與所不是的整體。你的意識和宇宙同在，你現在已經進入基督意識場。

你之所以身處地球，以聖子的肉身帶著情緒體的感知與振動，最主要的目的就是讓你眞正去體驗你是誰。你要體驗你所不是的，才能體驗到你所是的。

你是苦，才能樂。

你是悲，才能喜。

你是黑，才能白。

而情緒就是振盪在你的是與不是之間的弦，牽著你去體驗你是誰。當你在晶體中與自身的更高意識整合爲三位一體，並以合一意識穿越自身晶體，進入基督意識場時，這根弦就消失了。你來到定靜的「一」的世界，這裡就是靈魂最初始的家，你生命的源頭。這裡沒有人們想像的聖歌與天使繚繞，因爲你就與一切同在，所以不會看見分離的存有。

透過這個理解，你去感知自己的身體細胞，就是一顆顆小宇宙。你與所有的兄弟姊妹、生靈萬物同在這個神聖的身體宇宙裡，你細胞的振動牽動整體宇宙與你共振，你和你不是的所有「他者」，全部存在你的合一意識中。

現在用你的合一意識，去融入你面前水杯裡的水。你可以將這杯水帶進你的身體，進入心輪與你合一，也可以在自己的心輪中容納宇宙萬有與你同步共振。運用自己的合一意識與水合一，你就是水，水就是你，而當你的意識與萬物合一時，你就能把合一的祝福帶給整個地球，並創造出人類世界的奇蹟。

什麼樣的奇蹟？

你們不必再去經驗你所不是的，就能成為你所是的。

祢是說，不需要體驗苦，就可以快樂？

是的，你自己慢慢去體會個中奧妙。

晶體擴充與校準

三位一體的合一意識鍛鍊就是整合你不願意成爲或接受的那一端，用以校準你的晶體，進入全然不偏移的存在狀態。這也是讓晶體再次擴充並校準更高的意識場，進入揚升階段的必要過程。

人類的意念傾向判斷對錯和做出選擇，長期下來，你們的晶體振動將無法脫離二元對立的世界，但在更高的次元是沒有分別意識存在的。爲了讓晶體的振動再次向上穿越，並持續穩定於全然的一的存在，就必須練習在晶體中擴大與萬物合一的意識狀態。

至於這個合一意識的能量可以持續多久，答案是，可以很長也可以很短，端視你自己的狀態。當你用合一意識整合了不存在你的認知範圍或不被你接受的存有時，那個融合一體的能量場可以穩定地持續下去，直到你產生新的分別意識爲止。比方說，你已經和某個與你敵對的人合一，內在目前處於與他合一的狀態，你從自己的情緒感知就可以知道；但是，當你們又相遇，而對方的某些行爲又讓你感到困惑或不舒服時，你再度產生分離意識。這時，你除了內在又升起不舒服的情緒之外，當你進入晶體時，又再次可以感知到對方的感受。這就代表你與對方已經分離，只有再去與對方的意識合一一次，將他帶回與你合一的意識中，恢復合一狀態。

你有沒有看見練習合一意識的奧妙？只有當你有意識地去感知對方時，才能辨別自己是否和對方處於自他分離的狀態，而你「討厭」「不喜歡」或「不接受」的人事物，都是來提醒你和幫助你讓分離意識回歸合一狀態的。當你在生活中累積了愈來愈多合一對象或你不認同的人事時地物時，你的內在晶體空間就完成了一次次的升級擴充。

以人類普遍不想擁有的恐懼情緒來說，當你與恐懼合一時，你無有恐懼，卻能在自己的晶體中看見恐懼的眞實和全貌。過去你尚未與恐懼合一前，它對你的生活來說是一種威脅，但從更高意識的角度來看，恐懼就是來自你更高意識的邀請，希望從你的身體或情緒反應讓你看見，你仍有需要進一步理解並與之合一的部分。人類必須在二元對立的世界裡從頭學習，才能循著內在感知，得到擴充晶體的方法和路徑。沒有一個人的晶體和他人是相同的，每個人的晶體都是獨一無二、專爲你量身打造的揚升載具。當你練習在晶體中擴展與萬物合一的意識，從更高的合一意識中獲得全然的知曉，你就不需要再感受恐懼，因爲那已是與你不分離的存在。

當你讓自己的心輪融入許多你曾害怕、恐懼、厭惡、憎恨的一切時，你以爲自己已經黑白正邪不分了，甚至懷疑是否須將內在清空淨化一番。不要這麼擔心，當你容納了你無法接受的一切，融合了你不想遭遇的暗黑情緒時，你只會更加光明純淨。你已經是你所不是、所不願的極致，於是只能成爲更完整與完美的存在。「I am not I am, so I am that I am.」，意思是「我是我不是，我才是」，這句話送給你。

合一意識在生活中的應用

合一意識可以運用在你們的生活場域中，幫助你們化解分歧，減少情緒振盪，創造更喜悅的生活。以下提供一些應用合一意識幫助自己、他人和地球的方法。

一、**當下成爲，即可創造和顯化：**你無法在你當下不是的狀態中成爲那個你想要的未來版本，只有你在當下成爲你想要的那個版本，未來才能被顯化。你無法創造你不是的未來，你只有在當下將你不是的那一面轉化成你已是的，未來才會「是」。讓當下的你如你所想的展開和表達出來，你的未來將自動展現；若現在你仍不是，未來就不可能是。記住，在合一的意識中，當下的「成爲」就是創造。

我還是無法理解。

站在更高的意識位置，讓此時此刻的自己成爲那個已是的狀態，就可以了。這就是創造的能量流，也是之前跟你提到的「將這股能量向上投射」。

那麼之前學習的與他人意識融合的過程還有意義嗎？

這個過程仍可幫你校準你的意識中軸，跟你最初始、最原本的意圖同步協調與融合，直到實相被顯化出來爲止。沒有這個意識融合的過程，你的小我意志會中斷你最初始的意圖，讓你又流向自己的業力牽引中，無法實現你期待的目標。

二、**化敵爲友**：這是最常遇到的情況，也是你的靈性父親當時應該做卻沒有嘗試去做的。將敵人放進你的三位一體意識中，帶著他們走向心輪，與你合一。你將會轉化彼此的惡意企圖，化干戈爲玉帛，還可能因此多了一個不打不相識的好朋友。

此外，也可以透過你個人的意識，讓互不相容的A與B分別與你合一，創造一個包含你自己、A與B的合一能量場，讓A與B在你建立的合一意識場中和解。

三、**轉化食物**：將手上一些經過化學添加劑處理的食物合一之後再攝取，可以轉化身體無法吸收的化學物質和人工添加劑。有時候，這個小小的合一意識發動，會讓你吃下的食物更美味。

四、促成交易：與買方或賣方意識合一，可以讓雙方在更融合的意識狀態下達成交易。

五、擴大場域意識流：這對於在學校或活動中共學的團體很有幫助。將整個活動的主題和同場學習的所有人納入合一意識，就可以擴大整體場域的意識流，提升學習效果。

六、降低負面能量衝擊：居住場所旁邊或所在的場所中有嫌惡設施，如強波器、通訊基地站、核廢料處理廠等干擾磁場的設備或環境時，可以將嫌惡設施納進自己的合一意識裡，就能避免在無意識下遭受強大負能量場體的衝擊和威脅。

七、釋放恐懼和負面情緒：人類受到恐懼與不安全感的制約已久，才會創造出如此多的衝突與紛爭。要化解負面情緒的衝擊，就在覺察到內在出現負面情緒振動時與該負面情緒合一，當下，你的情緒就會適度釋放或緩解。這是在你無從了解情緒產生的根本原因之前適度緩解的方法，當你更深入地覺察到這個情緒的源頭，重新去理解與領受時，就可以完全釋放。

這個方法也適用於運動員鍛鍊或進行肌耐力訓練時。若你的身體細胞回應它們已經受不了，很累、想休息了，你可以和「累」與「受不了」的狀態合一，就能突破耐力關卡。

八、結合眾人的合一意識，共同揚升：當一群具備合一意識的人聚集在一起時，可以連結成一個更龐大的合一網絡，再將自己關心的人、事、物，乃至國家和整個地球一起納入合一意識場，就能提高集體意識揚升的效果。這可以用在慶典活動中，遠古時期的人類或仍保留祖先智慧的原住民都深諳這個道理。

＊＊＊

意識快速合一祕訣

1.進入晶體。
2.確認目標，感知對象，掃描一遍對方目前給自己的感受。
3.將此對象納入心中，與自己的三位一體意識合一。
4.唸三次：「我是×××（對象的名字／名稱），×××（對象的名字／名稱）是我。」
5.結束後，再次去感知，若沒有出現任何感受，就是與該對象合一了。

| 第十一章 |

揚升進入基督意識

基督意識場域何在？

合一意識是將你在地球二元世界的分離意識與自己的更高意識合一的過程。當你的意識振動達成三位一體時，就代表你與自己的內在神性合而為一，你眼中看見的世界就是神性的世界。在此狀態中，你不再處於分離的意識，沒有是與非、對與錯，一切的一切都合而為一。這是與神共同創造的開端，你可以經由更高意識的知曉尋求全然理解問題和現狀。

耶穌當年以合一意識契入基督意識場，為人類帶來重要的愛與和平的訊息。當時能夠如他站在那樣意識維度的人不多，他完成階段性任務，留下讓世人傳頌千古的經典。而今，地球整體揚升之日即將到來，愈來愈多地球人類正在覺醒，該適時帶領更多人從自身的晶體出發，以合一意識契入基督意識場域，在基督意識的神性場域幫助地球和所有地球生命進入快速的更新與創造了。

基督意識場域在哪裡？

這裡是人類契入神性意識的中繼站，經由基督意識帶領，讓人的意識可以進入宇宙全息化信息場。

這裡不是基督徒專屬的？每個人都有？

基督意識就是每個人的神性意識，是存在每一個具備靈性生命者內在的場域。不只限於人類，連地球本身，以及地球上的植物、花草、樹木、動物，都擁有基督意識。比起其他地球生命，人類有一項天賦特權，就是可以運用這個存在的基督意識顯化與再創造，而創造就是體驗你們自身生命的再一次表達。人類能夠運用更高意識，與自己的神性意識共同創造實相。

人類不分老少貴賤，每個人與生俱來都擁有創造的能力。你只需要與自己的基督意識校準，創造出合一意識的量子動能，就不會再受小我意志與分離意識所限，可以得到超乎個人小我意志、來自更高宇宙維度的知曉。在這個基督意識，或說你更高的神性意識狀態中，你已經可以窺見宇宙實相的全貌。你的創造之路不再瞎子摸象，在想像與混沌中碰撞，而是可以在你的基督意識中發掘自己的創造最佳路徑，然後帶著這個更廣大的視野，幫助自己、身邊的人和地球萬物重生。

如何進入基督意識？

你們以人類的理性或分離意識，是無法到達基督意識的，唯一的路徑是透過三位一體的合一意識契入，而契入基督意識，是經由合一意識的擴展自然到達。當你的個人意識連結上自己的更高意識源頭時，你的合一意識就已經處於基督意識維度了。

在此，你將得到宇宙的全息知曉。你與一切存有同在，你的個體意識與共同意識之間的界線模糊了，你沒有單一的靈魂形體，意識處於與整體意識無分別的共存狀態。你無法以個體身分去感知自己與他人不同的意識存在，你認知的語言就是宇宙共同的語言。契入基督意識讓你全然融入神性的國度，你不再以地球人類的頭腦來創造，你的創造將以宇宙的觀點，也就是整體存在意識場的立場爲依歸。這樣的創造會得到宇宙全體的支持，也是與神共同創造的眞義。你不再爲了滿足小我，而是爲了滿足整體宇宙的共存共榮而創造。

進入基督意識會有什麼感覺？

在晶體中讓小我意識與自己的更高意識校準時，會先產生一個共同意識的空間，在此空間裡，你與大師、導師和自身的更高靈性意識共處一室。此時，你們仍是分離的存在意識，你不是大師、導師，也不是聖父、聖靈，而是擁有個體的靈性意識，存在晶體中。這時你仍然可以感知旁人與你的不同，可以感受到他人的感受。

但是，當你在晶體中與自己的聖父和聖靈整合爲合一意識時，是讓自己的意識再次展開，經由心輪的再次擴展，你（聖子）與聖父和聖靈成爲不分離的一體意識。當你處於三位一體的合一意識時，就已經契入基督意識場域，也就是神性的國度，並得到以下的感覺和體驗：

一、**擴展與輕盈，意識再次上升，處於頂輪上方：**你可以感受到心輪再次擴展，意識也再度向頂輪上方延伸。你比在晶體狀態中更寬闊，但也許會覺得頭頂有些許壓力或出現發麻現象，那是能量流動產生的身體感知回應。

二、**暫時失去感同身受的能力：**進入合一意識後，掃描原本可以感受到的某人，這時已經感覺不到對方的情緒振動或感受。

三、**進入熟睡狀態：**有些人暫時失去分離的小我意識時會睡著，無法記住在此基督意識場的意識片段。想要避免睡著，或是憶起在基督意識場域中的知曉，不妨多練習幾次，鍛鍊意識進入此維度的熟悉度與穩定性。可以在白天精神好的時候練習，當然，若是入睡有困難，不妨就在晚上就寢時練習，可以很快進入睡眠。

四、第三眼回顧：人腦可以有記憶備分，同樣地，心的振動頻率也可以儲存在記憶庫，需要時再釋放訊息。這個心的記憶庫就在人類大腦松果體的下視丘位置，你可以進入第三眼，去擷取心進入基督意識時儲存的片段。

五、細胞活化：你從身體細胞的回應可以知道自己經歷了基督意識場的滋養，因爲你的細胞振動回復活力與年輕的感覺。

第十二章

與神共同創造

透過三位一體的合一意識契入基督意識場域，你就處在與神共同創造的狀態。你並非使用人類生物體的腦進行線性投射，而是可以在進入三位一體的冥想過程中置入想要創造和顯化的實相。現在就來練習將你下達的指令結合三位一體的合一意識，完成與神共同進行的創造。

與神共同創造的意識路徑

進行步驟

1. 進入晶體，呼喚自己的靈性父母與你同在。
2. 讓意念帶領，從心輪出發，往海底輪下方投射一個期望的結果，扎根於地球。
3. 經由中軸向上，朝晶體的位置投射一個能量球，邀請聖父與這個期望的能量球合一。你可以在此時打開第三眼，看見一個與聖父合一後的能量球出現不同的光。

4.讓與聖父合一的能量球向下進入心輪，展開意識融合的階段，邀請聖靈進入心輪，與能量球、聖父再次合一。

5.完成後，讓此能量球往下方太陽神經叢的位置進行能量的啓動和擴大。

這整個將小我的期待與三位一體的合一意識融合的過程，與之前提過的創造能量流動路徑是一致的。只要在沿著中軸向上投射此意念之前與聖父合一，然後進入意識融合之前，導入聖靈的意識，完成將此能量球與三位一體的你合一的過程，向宇宙展開能量路徑，你小我的期待就能在神聖意識的聯合下，產生更大的影響。

我想要達成的夢想，都可以實現？

沒錯！宇宙沒有分好壞、是非、對錯，人類投射出來的所有願望都可以被無條件地支持和給予。一直以來，人類都在用意念創造實相卻不自知，而當你們了解整個創造能量顯化路徑，又可以聯合自己的神聖意識時，就不會只滿足於創造地球上的物質實相，你們會看穿物質的虛幻與短暫的滿足。你們的更高意識會引領你們走向宇宙創造實相的新道路，在這裡，物質顯化不再是必然，你們靈性層次的滿足將帶領人類觸及物質無法到達的境界。你們會在生活中發現新的創意，每個人都可以成爲生活的創造者。你們被集體意識用恐懼支配，害怕失去溫飽的時代，將被充滿靈性喜悅的生活實相取代。生活成爲靈魂合一意識的展現和表達，你們不再爲塡飽肚子工作，只會爲了表達靈魂的眞、善、美，展現前所未有的創造力。

我發現這個與神共同創造的路徑，似乎少了兩個步驟——原本是要以自己的小我意識向上提案，甚至要鉅細靡遺地描述提案內容，現在只須與聖父合一。另外，進入意識融合階段時，原本要跟提案的關係人合一，甚至要去偵測目前的能量差距，現在也只要跟聖靈合一，就可以搞定所有困難？

是的，這是心想事成的最高境界。你不必費盡心力就可以排除萬難，在你當下的意識投射下創造實相。

這簡直是神話了，如何辦到的？我從之前的創造能量練習理解到，只要自我修正、改變自己，就可以很容易地創造實相，現在則是連自己都不必修正，也不求自我調整和改變，就能創造實相？我不太能理解，眞的這麼簡單嗎？

你知道一個想法被投射出來，在宇宙中可以有多少個顯化版本嗎？

我不知道。

至少可以有十二種組合，而你只是要求去體驗你想要經歷的那一個版本而已。另外十一個你不想體驗的版本沒有在此時此刻被你經歷，但依然存在宇宙中，以自己的能量球路徑繼續顯化，直到失去能量爲止。

我不太理解……那麼，另外的十一面也有我嗎？

是的，就如同此刻在地球上的你是很多個你的其中一個版本，你還有許多片段存在不同的宇宙空間與維度中。你現在處於二次元的維度，只有線性的時間概念，但在第五或更高的維度則沒有時間，就是處於永恆的存在中的一個點，而這個點正在持續演化。

你可以讓我親身經歷一次嗎？

可以。你現在用與神共同創造的意識路徑投射一個小我意念。

好的，我已經進入了。我現在想要知道，《阿乙莎靈訊》一書應該銷售多少本？

咦？一百萬本不可能吧！我唯一收到的知曉，就是要銷售一百萬本，並且提到這一百萬本對世界和地球的揚升才有幫助。阿乙莎，這不可能是我會提出的想法。臺灣沒有這麼多靈性圈的讀者，加上我們還沒有國外的銷售管道，因此我不會以這個數字為目標投射，但在進入基督意識的路徑時，卻只出現這個要銷售一百萬本的想法。

你這樣做沒有錯啊！你只管用你的意識提出請求，在請求的當下，你是全然開放的，不帶個人意圖，你是在那個振動的意識場接收而得到這個訊息。看到沒有？你只需要被通知，然後進行一次自我確認。

這到底是我創造的，還是老天爺？我已經分不清楚了。

你們是一體的創造。

當你愈來愈熟悉契入基督意識的過程時，你會更加明白，你是發送訊息者，也是接收訊息者。你們處在同步共振時的全息化展現，沒有因為所以，也沒有前後，意念所及，全息顯現。你過去在小我意識中投射的擔心、害怕、恐懼、不信任，讓你體驗到其中一個如你所願、所想的顯化版本，而進入基督意識的創造只會給出極致的體驗版本。當你看見這個極致時，仍有自由意志可以選擇要不要在你身處的地球實現你見到的那個最高版本。想要在地球上實現，需要你的認同，以及展開具體行動。

一百萬本這個數字是怎麼計算出來的？我要如何認同和展開行動？

人類執行一項計畫時，通常會有許多自我約束，這些自我約束用你們的話來說，就是「專家論點」。人類太習慣將自己生命的主宰權交給別人，將心靈交託給宗教，健康交給醫生，學習則交給老師和學校，連自我意志投射的一個念頭，都交付給未知。你們已經習慣活在「沒有目標就不去行動，沒有用處或利益就沒空」的狀態，而這個「有空」和「有用」中間的距離，就是你們「心」與「境」的鴻溝。心與境的合一，是可以超越宇宙，創造出實相的。

回想一下你人生中超出你想像的成功經歷，當時是如何達成的？在不知道結果爲何，也不確定能否成功的狀況下，你全力以赴，沒有遲疑，毫不猶豫。你當時創造的不是業績，而是一個心與境合一的能量場。那個「合一」，讓其他所有相關部門、你的長官、其他部門同仁、通路、媒體、周邊廠商、公司資源傾全力配合。在那個「合一」的振動下，你們每個身在其中的人同時達到最極致的體驗，而那個結果，只是呼應這股合一意識能量的顯化。

一百萬本這個數字怎麼來的？那是當你連結上我的時候產生的共振，在沒有任何懷疑干擾的情況下能夠到達的極致。而那個合一的心與境，仍須靠你們自己如實到達。

阿乙莎，是否每一件事都可以透過意識路徑知曉極致體驗版？

你們是宇宙萬有顯化中的一個片段，你更大、更完整的拼圖在不同的宇宙空間裡，以超越線性的方式展開。那是宇宙更眞實的存在版。你們因爲擔心自己的生命在地球上只有這一次機會，不了解其實有無數個你可以跨越宇宙時空，盡情連結和體驗，因而受到制約，坐井觀天。其實，每個人都可以在地球上幫助無數個你的存在，一起活出此時此刻生命的極致版本，創造你的所有集體和一切萬有的更新。

這樣說來，我也可以在不帶任何小我意念的狀態下，看見基督意識中萬事萬物的全息景象嗎？

可以，我們來進行一次。跟著以下的步驟：

1. 用意識進入自己的晶體。
2. 與自己的靈性合一，進入三位一體的合一意識狀態。
3. 契入基督意識場。
4. 在你的內在投射一個你想要了解的主題，用你的靈性之眼觀看這個主題的宇宙實相。

（這時，我的內在投射出「地球」這個主題。

我看見地球在銀河系手臂內側的臂彎裡，就像被母親抱著的嬰兒那樣躺在銀河母親的懷裡。地球是銀河系中的靈魂孵化器，是培育靈魂成長的基地，而靈魂進入銀河系的成人世界之前，需要先學習與萬物合一的意識。這個合一意識的根本，就是「愛」與「寬恕」——在愛中學習寬恕，在寬恕中尋回愛。

人類的靈魂必須存在個體意識，才能如實體會「愛」的多種面向。當愛能夠在不同的角度被人類辨識出來，靈魂就能達到合一的共振，並透過合一的能量，晉升至銀河系的大門。愛是一個牙牙學語的孩子必須學習的基礎語言，當孩子內化愛的體驗、成長，並進入銀河系的合一意識時，他雖然失去個體的分離意識振動，卻依然可以分辨出愛，在融合的合一意識家庭中仍然擁有自我，但這時的自我已經是與所有意識合一共存的自我，那種狀態比較接近的講法，是臣服於集體的我的一種存在狀態。

地球母親任由人類小我的個體分離意識以他們需要的方式去肆意體驗愛，也因此，地球孵化器為完善靈魂的體驗，早已備齊大量元素，任由人類當成素材取用。人類毫不客氣地拿取地球母親無條件給予的一切，以致地球這個靈魂孵化器必須不斷進行自體平衡與再生，以持續供應源源不絕的地球資源，作為靈魂體驗的資糧。

人類在地球上也聰明地制定資糧取用的遊戲規則，金錢成為人類取用物質以執行靈魂體驗的交換工具。漸漸地，人類忘了能量的供應源頭是地球母親，那裡才是人類真正的銀行。當地球銀行開始出現入不敷出的狀況時，銀河宇宙無法任由地球進入破產的臨界點，銀河系有許多自動防禦機制可以幫助靈魂孵化，以維持運作；而當銀河系仍然需要提供一個讓靈魂學習與體驗的場所時，終於必須複製出另一個空間，以供日益龐大的靈魂群體學習。

這個複製的靈魂孵化器必須同時滿足已經存在的不同意識群體的需求，靈魂的進階課程於焉誕生，也因此，地球會分離出不同的學習場域。我們現在處於同一個地球，集體意識進入重新分離與再次凝聚的匯流點；接下來，當凝聚足以分離成兩個世界時，新地球就會誕生。這時，新的地球會展開不同的政治、文化、社會、經濟與教育下一代的方式，並開始進入銀河系的軌道……

以上是我大致瀏覽到的地球全貌，還可以再深入每一個環節，我先暫時記錄到此。）

現在，當你處於神性意識，看見地球的全息景象時，是否來到一個不同以往的意識狀態？

是的。每個靈魂都要爲自己的成長負起責任，創造已經不是在既有的地球上爭奪資源或移動金錢的遊戲，該爲未來的新地球創造一個與所有生命共同成長並持續學習的新世界。在新世界裡，不該再視地球母親的資源爲當然，要在建立新地球生活的同時，創造靈魂永續成長的基地。

很好。帶著這份理解，讓自己有意識地展開新生活的創造和極致體驗，你們就會讓這個新地球實相顯化出來。

在神性意識中，我似乎會失去小我的欲望，但在當今的世界，這樣也等於失去在地球上爭奪和取得生命資糧的競爭動力了。

當意識移轉時，你的存在就進入新地球實相裡。你的小我並非失去著力點，而是以一個嶄新的存在意識在新地球重生。你們會發展出一種新的集體意識，漸漸不再因爲擔憂無法生存下去而工作和生活。你們會看見大自然的資源足以餵養你們全體，你們會成爲生活和工作的創意大師，肚子餓了，不需要購買糧食就可以讓身體產生所需的生命元素；若仍需要遮風避雨的場所，你們一定會找出更好的方法來利用現有的土地與房子。過去擔憂沒房沒車無法立足於地球的恐懼，會被你們的活力與創造力取代，你們會一起找出生活的替代及解決方案，創造共好的居所。比方說，有些人正聚集起來，向政府要一塊免費的土地或一棟房子，以打造能容納一群人在其中工作和居住的場所，再以集體創造出來的產品或交易回饋政府，去創造下一個集體居住的場域。這些現象目前都在形成當中。

進入合一意識場，就是人神一體的創造階段。這裡是你與自己的靈性源頭意識結合的場域，你也將在此開啓自己的新生命藍圖，而這個新生命藍圖的播種者，是你自己。當你與自己的靈性源頭結合時，就得以窺見你生命最初始的意圖和全貌，而你在地球上的嶄新生命藍圖，才剛被開啓。

確實，當我再次回到原來的小我命題，想以相同的目標契入基督意識時，發現小我的想法原來不切合自身的生命藍圖，也就失去了支撐的力量和動能。小我的恐懼和控制性想法及欲望，在進入與源頭合一的意識時已經消失殆盡，取而代之的，是更想要了解：我的靈性源頭當初擘畫的我的生命藍圖全貌，到底爲何？

第十三章

邁向新地球

星際交流

阿乙莎，我們生活在現今的地球，擁有和高我連結後取得、來自阿卡西紀錄場域的人類訊息就很夠用了，現在祢又帶我從自己的晶體穿越宇宙，進入更高的基督意識場，這裡和阿卡西紀錄場域又有什麼不同？這麼做的目的是什麼？

這裡是與神性合一的意識場域，你可以在此跨越各個次元的宇宙，這和你在自己的晶體中可以到達的宇宙是不同的。在晶體中，你是經過你的靈性片段授權，進入與自己靈性源頭相關的星球；而你與自己的神性意識合一之後，再往上進入基督意識場，則不會受到自己靈性源頭的星球場域限制，可以進入九～十二次元的存在意識場。這裡儲存的訊息超出人類的阿卡西紀錄場域，你可以獲得超越人類歷史所涵蓋的訊息量。宇宙所有星系存有都需要在此合一的意識場中交流。

你必須經過揚升大師的認證及帶領，才能進入基督意識場域。這裡有爲了不同目的與星際和平而建立的各種星際聯盟，我舉幾個例子讓你理解這個場域對於讓星際生生不息、和平演進的重要性。

一、**星際聯盟會議：**在這個會議中，會爲了宇宙和平共存而建立星球軌道位置，同時也會討論新星球殖民計畫。主要成員是銀河系光明世界的所有星際族群。

二、**種子訓練基地：**新的星球誕生時，來自各星球的存在意識會一起貢獻它們的星際意識，加入新星球的行列，在此場域中爲一群即將進入新行星的種子意識進行生存法則訓練。這些經過訓練的種子意識會儲存在DNA中，在進入新的星球時就會自動展現其內建特質。例如，目前地球上所有生命的細胞都有內建的智能，剛出生的烏龜知道游向大海，剛生下的馬就會站立，嬰兒出生後會找尋母親的乳房，取得立即的撫慰與養分。

三、**科技文明聯盟：**科技文明會讓各星球的科技交流與交叉授權，當某個行星的集體意識揚升時，就可以透過這個場域取得新技術，以迎接新的意識振動下的生活解決方案。你們或許以爲這些是人類自己的發現或創造，而不知有些創新技術的嘗試是來自進入某些人心中的直覺想法，這些想法就是集體意識揚升穿越星球上方的網柵，打開來自宇宙的科技文明訊息而出現的。你們可以去觀察，同樣的想法會在同一時間、於地球的不同區域萌芽，那些想法總是相似得令你們驚訝。

四、**星球再生聯盟：**銀河系有上億顆新星球不斷誕生，如同地球上的新生命生生不息地繁衍出來。星球再生聯盟會根據星際聯盟會議中的軌道計畫，決定星球再生的安置作業。星球一旦進入軌道運行，就代表重生，正式展開新生命的移入作業。再生聯盟成員會根據自己星球的現況，考量是否需要重新挑選一個新的星球孵化器，以延續舊星球的生命。

除了這些，還有許多聯盟在此場域中進行跨銀河系星系存有的溝通協調，這裡就無法提供更多訊息了。

那麼，阿乙莎是在基督意識場中的哪裡？

阿乙莎參與所有聯盟，也是基督意識場中的共同意識存在。我會根據你目前需要的工作內容給予相應的授權通道，進入你必須完成任務的工作場域。

這麼說來，基督意識場域很忙碌，是星際的交流站？我一直以為這裡是合一的天堂境界，是不分彼此的共同意識存在，處於幸福快樂的狀態。

啊！你這麼說也沒有錯。這裡確實是非常快樂地忙著宇宙間的所有交流工作，處於全然愉悅的合一狀態，沒有爭奪資源，也不會相互干擾杯葛。我們是宇宙創造的本源，如同這本書教你進入的創造能量流，我們在這樣的能量流動中可以盡情地在彼此合一的狀態下，不斷創造出新的平衡。

宇宙經由不斷創造來達成最極致與永恆的平衡狀態。在人類過去的認知中，創造是向外探索、改革和突破現狀，那是在物質和實相層次體驗到的創造。然而，即使學會運用創造的能量，若人的意識層次仍處於物質世界，以創造去破壞與改變和諧狀態，就又搞錯了方向。

當你進入與更高意識合一的創造能量流中，就進入了生命最自然的平衡過程，而宇宙萬物就是在不斷的平衡過程中演進和顯化。創造能夠突破虛假、轉化僵局，人類創造的許多虛假平衡讓生命不斷被壓抑或強制扭曲，那種你們認爲的創新，不是生命本自具足的表現。就像你們將西瓜放進方形的罐子裡，讓西瓜變成方的，或是強迫獅子跳火圈，當你們將生命放進一個被人類大腦控制的情境裡，這個生命會枯萎，或是用更大的能量來創造出新的平衡。只有回復本我面貌而創造的自然與平衡的流動過程，才是創造。

契入更高意識的生命選擇區

到達基督意識的境界，是要讓你們在此將二元對立的思想與更高的意識融合。雖然你仍保有小我的分離意識，但是當你契入基督意識時，你的小我是臣服於整體合一的意識存在。你在此還可以進入更高意識的生命選擇區——你可以選擇帶著完整純粹的合一意識進入更高的光之世界，或者選擇在此分離，進入不同的世界再次體驗。

這麼說來，基督意識是意識再次進入不同世界的分水嶺，也是靈魂邁向宇宙不同次元的中繼站？我們在此可以選擇向上進入更高的光之世界，或是往下回到分離粒子的體驗。

可以這麼說，而且不僅僅是選擇，這裡還可以讓你們學習，幫助你們理解光之世界的意識流動法則。光之世界是由意識驅動光的折射，創造出太極世界裡的萬象，這裡有光的守護者。

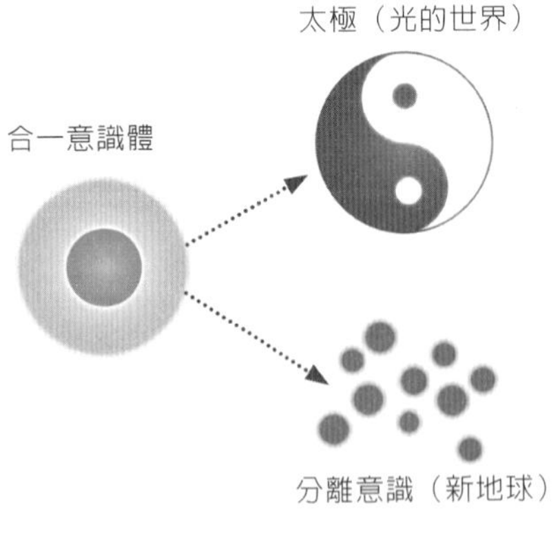

生命選擇區

同樣地，當意識到達合一的完整靈魂意識時，仍可以在此場域選擇繼續前往分離的意識體驗。需要分離意識體驗的靈魂會被賦予一個讓它再次去體驗的載具，透過載具或生物體形式的感知系統，分離意識可以擁有不同的體驗和學習過程。這和之前分離意識進入地球體驗不同，已經轉換成攜帶完整的靈性意識邁向新地球的下一階段去體驗，是帶著神性的祝福的靈性種子進入分離意識去體驗。

更高次元的星球也有其創造法則，你會透過自己源頭的合一意識了解宇宙的運行法則和眞理，幫助你進入量子跳躍式的更新與創造。你也可以在這裡學習，然後帶回更高的意識，進入新的星球，並運用在生態、教育、醫療、身體等各個層面。

阿乙莎，新地球在哪裡？

在比你們目前的振動頻率更高的位置，大約是十八赫茲，許多生命已經在那裡等著迎接新生命的到來。

我還活在七．八赫茲的地球上，現在可以去看看嗎？

當然可以。進入自己的晶體，你就能進入新地球去感知那裡的一切。

哈！太棒了，我現在來試試。

（接下來，我進入晶體中，請求阿乙莎和我的靈性父母幫助我進入位於十八赫茲的新地球。大約一分鐘後，我進入一個新的場域，這裡的磁場感覺更輕盈。新地球是顆藍紫色的星球，天空有晚霞般火紅色的極光，並沒有看見太陽在照耀；表面有大片海洋，許多海豚和海中生物已經移居至此，有非常美麗的湛藍帶點藍綠色的光照耀著這群海中生物。

緊接著，我的身體俯瞰整片海洋，意識繼續帶領我朝海底前進。我感覺海面之下是新地球人類居住的場域，這裡似乎還沒有太多人類，好像正準備迎接許多種子到來……我停在這裡，不知道為何要看見這些。）

阿乙莎，請幫助我，讓我更清楚我需要理解的是什麼。

是的，你已經進入新地球。新地球是一個結構完整的星體，地下土壤層的元素和目前的地球有些不同，地表下的環境是更適合人類居住的生存系統。

新地球地底下的水來自上方的海洋，是經過天然的土壤及礦石篩濾後的負離子態水。地底的中心可以獲得天狼星的光，所以，不同於目前地球擁有的來自太陽的直射式光源，新地球的光源是由映照在海面的光折射進入地底下。這裡的環境可以形成多種生命組成元素，你們的物質身體在此居住時，外觀會和目前的地球人類有所不同，皮膚呈現藍綠色，身形也更高大，還有多元種族、各色人種在此融洽地共存。這是個充滿慈悲與愛的星球。

祢這樣講，讓我想起之前探索過的列木里亞……

是的，這個來自列木里亞的族群會是新地球的首批移居者，他們目前已經展開移居新地球的行動。

他們怎麼過去？

他們有自製的太空船，可以前往距離這裡一百五十光年之外的地球。

那麼遠？那我們這群現在居住在地球上的人類怎麼過去？

你們將以更高的意識帶領自己的靈魂誕生在新地球。在你們目前居住的地球上方建造前往新地球的諾亞方舟，這艘船可以帶領揚升的靈魂意識成爲新地球人類的種子。

這艘船是怎麼建造的？又該怎麼到達新地球？

你們將在地球上布建一些磁引力能量裝置，透過光碼和音頻連結這些裝置，形成完整的架構，並定錨於宇宙時空。這些裝置將連結成可以到達十八赫茲新地球的諾亞方舟母體船艦，當靈魂意識登上此母船，就可以透過宇宙光之橋，快速傳送至新地球的地心。這座宇宙光之橋是天狼星人和列木里亞人合作建造的。

祢是指我的靈性父母已經搭好一座宇宙光之橋？

是的，而你將和一群人一起帶領即將進入新地球的未來種子登上這艘船。

打造這艘晶體船需要多少個裝置？

一千個裝置節點形成一艘完整晶狀體太空船，裡頭每一區域節點的功能和設計會有些許不同，每個區域有不同的設計需求。

有時間急迫性嗎？

二〇三六年以前，你會帶領第一批人類前往新地球。

啊？這麼說，我二〇三六年就要死了？

不是的，你是用意識引領一批人類前往新地球重生。你會穿梭於新舊地球之間繼續完成工作，所以你還要學習穿越宇宙時空、重啓新地球的生命種子延續工程。

媽呀，這太超過了……

（總之，我在這段收訊中理解到的是，即使晉升進入基督意識的場域，合一靈魂還是可以再次選擇：是要繼續往上進入真理的太極世界、光的世界，在沒有生物體形式的狀態下繼續靈魂的旅程，或是要再次進入分離意識的體驗，以另一個生物體回到地球體驗？而此時，因為舊地球無法負荷與承載，地球的上方已經有一艘前往新地球的諾亞方舟，要將具備合一意識的靈魂帶到新地球，成為新地球人類的種子。這個新地球位於振動頻率更高的次元。

若在目前的地球離開生物體，靈魂卻無法進入合一意識，這些尚待完整的靈魂便無法進入基督意識的選擇區，亦無法連結登上前往新地球的諾亞方舟，就會回到舊地球繼續學習和體驗，只是此時舊地球的環境和樣貌，恐怕已經被我們自己破壞殆盡了。而從舊地球分離出新地球，也只是浩瀚宇宙不斷創造，以達成自身平衡的一個演進過程。）

愛的能量

雷巴特，我想請問，你和我的靈性母親莎雅一起搭建的光之橋，是什麼時候完成的？

在地球時間二〇一二年就已經搭建完成，準備迎接人類進入新地球。

這是穿梭宇宙的通道，無法以地球的線性時間來估算。我和你母親從在地球分離的那一天起就開始籌備，要搭建這座宇宙光之橋。這必須取得銀河議會的軌道同意權，並採納各星球的建議，而我們從來沒有停止發展這件事，連最困難的部分都已經突破了。

哪個部分最困難？

就是打開人類ＤＮＡ的封印，讓人類得以開啓覺醒意識，經由靈性意識的連結，進入內在宇宙，重新找回宇宙源頭的家。這是最困難的一步，因爲即使開啓ＤＮＡ封印，人類仍有許多恐懼，並且執著於肉身，不願意回到銀河共同意識的家園。

你和莎雅母親這些年來都相距這麼遠嗎？一百五十光年……

我和你母親共同存在我們孩子的靈性意識裡，就像現在我倆同在你的靈性意識，時時刻刻都在一起看顧著你。人類用物質身體來體驗和感知愛的存在，我們則透過靈性意識就可以交流愛的能量。愛的能量無所不在，它也是目前地球生命的根本動能。你們以爲只能用肉體感知來了解愛與被愛的感受，其實，用你的意識就可以感知到無所不在的愛的能量。

怎麼感知？

用愛進入每一個生命裡，去擁抱對方，你們的愛的能量就會彼此交融。你現在可以試試看，進行愛的能量交融練習。

從心輪出發，向上連結自己的松果體，再從松果體出發，進入對方的松果體。接著，讓你心中無條件的愛透過連結著你和對方松果體的這座橋，進入對方的心輪。你們在心輪合而爲一，已經是一體的存在。

這就是用愛的意識讓彼此融合。你們可以不必透過肉體的擁抱和性的接觸，就達到不分彼此的合一狀態。透過無條件之愛的振動，你們被授權穿越一切屏障與分離的肉身狀態，契入一體的合一境界。

以分離意識或非愛的振動能量，無法擅自侵入任何生命的獨立場域。只有無條件之愛的能量可以帶你們行遍宇宙，融合一切存有。

所以，因為你和母親深愛著地球和你的子民，當年你就以無條件的愛注入地球，為地球保留了愛的能量和人類生命的種子，你也因此可以持續和莎雅母親緊緊相連。即使你在天狼星，也可以透過愛的能量與母親合一，同在每個孩子身邊。現在只要我們願意打開自己的心輪，以無條件的愛和宇宙萬物合一，就能走上你為我們鋪設的回家之路，到達你的天堂之境。

孩子，不光如此，若你們能夠明白自己就像我一樣擁有愛的能量，你們也會為其他人搭起這座光之橋，讓彼此得以在愛中連結，不再分離。

這眞的讓我好感動喔！謝謝你的提醒，我好像從結婚以來還沒有眞正用心輪連結自己的另一半。我應該好好練習，從身旁的摯愛開始，擴及家人、朋友，以及整個國家和世界。

孩子，我愛你們，我以你們為榮！

第十四章

創造
永恆生命的傳奇

意識自由進出身體

未來，人類將可以自主離開身體載具，進入生命下一個階段，這和人類目前因爲生病或意外才被迫離開身體的情況是不同的。

我對死亡眞的很好奇。身體停止運轉時，是什麼通知意識該離開？還有，意識是怎麼離開身體的？現代人很害怕死亡，我很想知道死的瞬間是什麼在運作。祢要是能幫助人類弄清楚，我相信可以釋放許多人的恐懼。

是的，你們沒有人可以將死亡說清楚，我來揭開這個謎。

基本上，我不會用死亡來解釋生命的終結。你們的生命有肉體與靈魂體兩個部分，意識就是靈魂體的部分，你的靈魂在地球上的載具則是肉體，而肉體的智慧來自意識的操作，所以與其說你有兩個生命主體，不如說你其實是一個生命主體，但可以換不同的載具穿梭在宇宙之間。肉體是你在宇宙間航行用的晶體，但進入高次元航行時，你必須換乘不同功能的晶體才可以到達。

地球人將肉身視爲生命的主體，當肉身遭受損害或不堪使用時，就以爲生命完全消失了。這是你們感到恐懼的原因，主要是因爲你們尚未連結上自己的靈性意識，不確定靈性意識在沒有載具的情況下會發生些什麼，因而感到憂慮。

若一個人可以隨時與自己的靈性意識連結，是不會恐懼死亡的，因爲他清楚知道自己意識的存在，也可以隨時進出自己的肉體，保持與靈性意識合一。你可以做個小試驗，就能了解你可以隨時離開自己的靈魂載具，然後就不會感到害怕或奇怪了。

練習：體驗意識與肉體分離

❶深呼吸數次，將呼吸調整到穩定狀態。
❷現在讓吸氣與吐氣的規律改變，先吐～～～再吸～～～
❸長長地吐一口氣，然後將意識放在身體後方一步之處——想像自己退後一步，站在身體後方。
❹氣完全吐完之後，吸一口氣，讓意識回到身體。
❺再長長地吐一口氣，將意識放在距離身體右側一步之處——想像自己站在身體右方。
❻氣完全吐完之後，吸一口氣，讓意識回到身體。
❼重複做幾次，每次吐氣時就讓意識往自己身體的四周移動。
❽多次練習之後，你會發現每次吐氣時，意識在身體之外的時間愈來愈長。你的意識並沒有受到一呼一吸的影響，可以清楚地臨在，觀看自己的身體沒有呼吸。
❾若你身體的呼吸系統停止運作，不再自動吸上一口氣，你的靈性意識與身體的臍帶關係就自動終止，意識會自然地離開你的身體；而只要你的身體回復吸氣，意識就會自動被拉回你的身體中。意識離開身體就是這麼自然發生的。

你的呼吸與你的靈性意識之間有臍帶關係，意識會被你吸入的氧氣牽引、帶路，幫助你的靈性意識錨定自己的靈魂載具。同樣地，樹木是透過二氧化碳，將它的靈性意識帶回自己的身體中，而當一棵樹無法吸入二氧化碳時，其靈性意識就會脫離樹身，另覓適當的載具。

人類的靈性意識離開肉身時，與樹木的靈性意識就毫無分別了，都擁有相同的意識振動頻率，可以去找尋新的生命體驗形式。你可能會認爲，植物又沒有像人一樣的思考和創造能力，你的靈性意識怎麼可能與植物相同？沒有錯！就是這麼有趣。你會發現，當意識回到宇宙中，要重新進入下個體驗的選擇時，你與所有的意識體——不論是來自動物、植物、昆蟲、礦石——都是進入浩瀚無垠的宇宙，而你們希望擁有的所有體驗都是被允許的。你也可以去體驗成爲樹、海洋生物、水草、昆蟲，或是遨遊天際的小鳥。你會發現，你的意識存在擁有絕對的自由選擇權。

照祢這樣說，去體驗生命體任何形式的存在有何意義？我們已經是主宰萬物的人類了，怎麼可能有人想回頭去體驗當個動物或植物，被人類食用？

正好相反，有許多人的靈性意識選擇成爲動植物，是爲了快速淨化自身。當這些靈性意識在生生世世的體驗過程中遭遇太多傷痛和仇恨，一時半刻無法解除或讓自己釋懷時，就需要讓意識歸零重設，而成爲動植物是最快的方式。在短短的生命體驗週期中，他們就可以進入無條件的愛與付出的振動頻率，而被全然淨化。接下來，當他們進入下一次的肉身或其他次元的高智慧生命形態時，就可以降低不必要的自我意識干擾。

所以，佛教說不殺生是因爲這些動物很有可能是自己的父母兄弟姊妹，這樣的說法並沒有錯。但是，人類並不會因爲食用動物而被詛咒。不會的，這是靈性意識自己選擇的途徑。人類是經由不吃肉來提醒自己，人身難得，要以慈悲心同理萬物蒼生。

從源頭的合一意識找回最初的生命藍圖

前面關於死亡的說明，是要讓你明白生命的多元載具形式。身體只是意識暫時的載具，而認知到身體這個載具不堪使用時，你們下一次仍有絕對的權利去選擇生命載具的形式。屆時，靈性意識會進入生命選擇區，做出新的生命選擇。然而，現在你們已經不必等到被迫汰舊換新時才匆促做出選擇，而是可以在有意識的狀態下提前擬定下一個生命計畫。

對了，我這一次生命的功課到底有沒有做完？若此生的目標仍在未知狀態，當然就無法做出有連貫性的下一個生命計畫啊！

那麼，現在我們就先回顧，爲何你此生要以這個生命形式來體驗、你的目的是什麼，然後才能進行下一次生命的選擇。你現在無法判斷是很正常的，我先讓你明白這個流程，當你回顧一遍，也再次對選擇自己下一個生命體驗有所期待時，就可以回到自己的生命藍圖中，找回自身生命的意義。而且，你會更加把握目前這個載具的時間，以接續你期待的未來。

喔！好期待，能這樣明明白白地活著眞好！

帶領意識回到今生靈魂選擇區的步驟如下：

1.進入自己的晶體。

2.請求大師、導師和你摯愛的人帶你回到此生的生命誕生前的選擇區域。這時，你會從一個輕盈的晶體空間，轉進一個更爲稠密的磁場空間。有些人會覺得好像在搭乘向下移動的手扶梯，也有人會體驗到一扇旋轉門。每個人的狀態不同，在這個移轉的過程中，你的身體會有所感知。

3.進入選擇區後，可以開始提出以下問題：

「我當初是爲了什麼原因而選擇進入這一次的生命？」

「我選擇來到此生是希望完成什麼工作？能否讓我看見這項工作的時空背景及重要性？」

「我要如何做才能達成此生的生命意圖？還有更多方法可以指引我嗎？」

「我當時爲何選擇我現在的父母？我現在的家人、朋友、長官和這件事的關連是？」

「我的靈魂想在這一次的生命中學習到什麼？」

4. 結束探索之後，請求大師、導師和你摯愛的人帶你回到晶體中。

5. 回到晶體時，你會明顯地又感受到輕盈，然後就結束生命選擇區的探索。

阿乙莎，當我進入靈魂選擇區，看見此生的生命目的時，有點不太敢相信自己所看到的。我無法在此赤裸裸地將毫無根據、無法被科學證實的論點公諸於世，對於被別人當成茶餘飯後的笑話，我仍有芥蒂，因爲我還是很在意別人的眼光。當然，不論我在當初的時空位置看見的那個未來故事是否會發生，對於喚醒人類的意識、幫助地球這件事，我是舉雙手贊成啦。只是，當我去探索自己的生命藍圖時，祢非得用這麼誇張的故事情節讓我配合不成？

你沒看錯，你看到的正是當時你選擇來到此生的目的。至於你看見的那個未來是否會發生，以目前的狀態來看，機率是非常大的。回顧過去的三十年，你生活的環境變化有多大？就以這個基礎來看，你怎麼會不切實際地期待未來的三十年會維持你今日所見的樣貌？你們以爲太陽永遠會爲地球升起，甘霖總會降在你最渴望的時候嗎？不會的。大自然是地球全體生命力的展現，所以，當地球生病了，就會像人類一樣調整自己身體的運作機制。它可是會尋求解救自己的替代方案。人類活在天地之間，只看見自己想要的，沒有顧及天與地的需要，你認爲地球和宇宙還可以容忍多久？

我不想以「恐懼」和「不得不爲」來設定我生命的目的，那不應該是祢自由選擇的教導方式。爲何要讓我看見那個故事？

沒有看見那一幕，你會憶起當時你自告奮勇並帶著自己活出此次生命的目的嗎？你不會的。你天生愛好自由、和平，還有些偷懶，所以會去找尋自己的快樂和安身立命的生活方式，不會去管別人。

可是，祢讓我看到的未來世界，如果沒有發生，我不就會被人撻伐、取笑？

你害怕的是別人怎麼看你？

當然。我畢竟是活在群體制約的世界裡，不是隱居在山中的隱士，當然會擔心別人怎麼看我。

別人怎麼看你，會影響你的生命？再想清楚喔！當你生命終止的那一天，你即將前往下一站時，你還會帶著別人對你的看法往前走嗎？

當然不會啦！那些都成了過往雲煙。

如果你很清楚生命的下一站跟別人無關，那麼，你現在不會擔心自己下一次生命的進度被別人拖延了？

嗯……我不曾從這個角度去思考，好像也沒有人這麼看待自己的人生。

你已經很清楚地知道靈魂是永恆的生命，你就是自己的神和造物主，肉體只是你目前的載具，你當初選擇用這個肉體有你的理由和目的；同樣地，當你離開這個肉體，選擇下一次生命的載具時，那個載具最大的功能就是輔助你完成下一次生命的目的。所以，你這一次生命的完成進度將與你下一次生命的選擇息息相關。你不可能站在這一世的終點回首才發現自己的生命目的，你要在永恆生命的時空看見自己生命的目的。

每個人的生命都有其目的。地球上的每一個人攜帶的目的不同，你們只是在這個時空有機會相遇，在此共同學習，當生命完成階段性任務，你們將各自走進自己下一次生命的選擇區。你和其他人不見得會再次相遇，你們都會爲了自己生命的最高目的，展開自己的路。

所以，你們目前雖然受到社會文化的制約和規範，但這些都不該影響你們永恆生命的前進。只有那些尚未看見、尚未覺醒者會被制約，活在別人的期待下，而這樣的生活畢竟只會發生在有限的時間裡。當你以永恆生命爲目標而活時，將活出無限；沒有這一世和下一世，你會超越任何時間的限制。你只會在乎自己是否與生命目的相契合，是否已經走在最高生命目的的軌道上。也唯有走在這條屬於你自己而不是任何人的期盼、爲你設計的道路時，你才會獲得生命的喜悅和感動。你不會覺得累、覺得疲憊，也不會找不到方向，更重要的是，你會更清楚地知道自己此後將往哪裡去，才能延續你尚待完成的工作。就像你的靈性父親與母親一樣，他們都在自己的道路上，等著你與他們同行。

祢這麼說，我更明白了。我們從小看別人的傳記，聽長輩傳誦古老的智慧，從來沒有想過要創造自己永恆生命的傳奇。而當我們認出自己是浩瀚宇宙的旅人、地球暫時的過客，不論方才我看到的未來故事是否成眞，至少，每一個人都該去找出自己生命的目的和意義，創造屬於自身宇宙的傳奇，在自己更高意識的帶領下重生。

〈結語〉

為自己和全人類創造永恆生命的新頁

寫完第一本《阿乙莎靈訊》時，我對於自己靈魂設定的生命藍圖到底是什麼仍然一頭霧水，摸不著頭緒。現代人生活忙碌，有時間和空間覺察自身和周遭環境已是很奢侈的事，若還能覺醒還原成最初始的設定，就千萬不要錯失找回自身最高生命藍圖版本，開始邁向永恆生命的機會。

這本書的收訊一開始，阿乙莎要我先重新認識生命的循環是來自人類意識創造的動能，而未來世界的藍圖已經在更新的人類靈性意識中，就在我們自己身上。我們只要活出自己的生命藍圖，就可以帶來新地球實相。

接下來的傳訊，阿乙莎要我向自己的靈性父親學習，我才明白，想找到自己生命藍圖的最高版本，就要與自己的靈性父母合一，契入基督意識場域，如此才得以揭曉。

在向我的靈性父親雷巴特學習的過程中，他教導我去看見創造不是破壞後的更新，而是在更高的意識中與萬事萬物融合的過程。透過創造能量流動路徑，我們可以經由更高意識的帶領，識破小我的虛假命題，讓自己順利走回生命本有的創造之路。每個生命都是靈性父母創造的結果，而這個創造另有更高的目的，必須由你在內在意識覺醒後開始去創造和實踐。

走進內在，與自己的靈性父母達成三位一體的合一時，我得以窺見靈性父母創造我們生命時最初始的意圖。這來自最高靈性的意圖十分恢弘與遠大，遠遠超越小我的想像。我就像走進一部虛擬實境的電影，在觀看劇情發展的同時才發現，原來自己就在這部戲裡。

結束這整本書的收訊，我才明白內在宇宙展現的創造威力令人瞠目結舌，讓我喋喋不休的小我全然臣服。這時再回頭看，發現阿乙莎在本書一開始就以簡單的幾句話，道盡了其中精髓：

「創造就是生命進入更高意識的完整表達。」

「你的生命誕生本身就已經是一個創造的開端。」

「重拾清晰的生命藍圖指南，在靈魂量子宇宙的實相裡創造，這個創造的源頭就是你。」

「當你的靈魂從你目前身處的地球實相甦醒時，你會發現你已處在平行宇宙中……你的內心已經超越時空的限制，就在你的晶體中，你的靈性源頭正準備開展專屬於你的靈魂量子世界創造之路。」

這本書的訊息有其特殊意義。生命已經可以突破物質世界的幻相，進入無相界的創造，而宇宙源頭此時此刻捎來新地球的訊息。姑且不論這個訊息的眞實性爲何，也不論新地球是否眞的在一百五十光年之外，對我來說，這是來自阿乙莎的呼喚，正式邀請所有地球人一起走入內在宇宙，爲自己和全體人類創造永恆生命的新頁。

〈附錄1〉

宇宙能量交換機的源起與應用

阿乙莎，我在接收上一本書《阿乙莎靈訊》的訊息時，有要求祢提供一個改善地球能量場最快的方法，祢跟我說：

「你們要在地球的每一條河川、每一片海洋，以及任何有水流動的區域放入能量平衡裝置，讓水攜帶著平撫人們情緒波動的能量，流進每個家庭，讓飲用和沐浴用的水都成爲淨化人類的載體。那個裝置可以將水的振動頻率調到接近西塔波（θ波）。至於用哪種設計則不必局限，金屬、礦石、聲波都可以，重點是這個水流入每個家庭讓每個人使用的流通過程，你們得自己想辦法突破難題。」

是否可以進一步指導我們設計這個能量平衡裝置？

這個裝置是環境能量轉換器，就像交換機，可以迅速讓環境能量校準中軸，清理環境中的負能量，幫助重設生態環境的磁場，讓宇宙更新的能量重新注入。你們可以把它放在已經受到破壞的場域，如戰場、混亂的場域、貧瘠的土地、被汙染的水域和海洋，任何需要協助以恢復物質原貌的區域和環境都可以。

只要做好能量交換的功能，做到完整的裝置呼吸運動，就可以讓能量從宇宙流入、從下方吐出，漸漸擴展，並轉化平衡周圍的負能量。其作用流程如下：

設計一個磁力結構裝置，中間擺放純淨的光源。可向大地之母取材，使用列木里亞白水晶或各種天然且純淨的水晶。

結構體可以使用銅線，模擬上下金字塔的形式，如同人體能量運行結構。

上方吸入宇宙能量↓金字塔結構體的每一面以三螺旋正旋方向安置。

下方連結地心↓金字塔結構體的每一面以三螺旋逆旋方向安置。

上下中軸平衡轉化↓金字塔底部以正逆三螺旋安置。

當環境遭受嚴重破壞，欠缺自身調整動能，或是處於長期負能量膠著狀態時，就用這個裝置來快速淨化和消弭雜訊，幫助環境能量場體重設，以恢復生機。這個裝置適合用在人類較無法進入的區域，或是已經遭受嚴重破壞或攻擊的場域。這是宇宙和大地之母聯手送給人類環境的小禮物，只有經由無條件的愛與慈心的能量灌注，才能真正發揮它的功用，所以請善用它。你們可以稱它爲「宇宙能量交換機」。

這個宇宙能量交換機的運作原理爲何？

人的意識具有能量，在量子世界裡，意識就是導航器。你們的心輪有導航地圖，只有可以順利進入自身晶體的人，才能連結自己的靈魂晶體太空船。人類的意識經由地球之心的晶體校準，就可以連結形成今日的地球整體意識，但要讓人類提升進入更高的次元，就需要人類有意識地連結回自己的晶體；而恢復人的晶體與地球意識體的連結之後，就能和宇宙意識合一及校準。這是唯一的路徑，也是最正確的方式。

然而，地球上有些區域因爲環境能量遭受破壞，因爲氣候變遷、戰爭、生態破壞，以及被許多低頻能量干擾和牽引，讓人無法順利進入自己的晶體，這時才會需要在這些場域布置能量交換機，讓人可以免受干擾，更容易成功連結進入自己的晶體。宇宙能量交換機就是你們環境的安定器，現在必須先讓大家釐清這個觀念，才能進一步談未來的應用層面。

阿乙莎，祢說能量交換機只有經由無條件的愛與慈心的能量灌注，才能眞正發揮功用。那麼，若是沒有正確啓動和灌注能量，會怎麼樣？

沒有經由宇宙基督意識源頭的能量啓動，這個磁力結構只能發揮百分之十五～二十五的功效。因爲這種設計的磁力結構尚未在你們肉眼看不見的量子場域進行能量鎖定，磁力結構粒子仍處於三次元物質的緊密結構狀態，同時也因爲製作過程中受到環境與製作者的意識流影響，尚未發揮宇宙能量交換機的量子場域連結作用。

當你啓動時，這個能量交換機在三次元的粒子結構會重組，成功進入量子場域。交換機的結構整體會連結位於地球之心的晶體，並收到基督意識場的能量挹注。不過，這個裝置每年必須校準一次，因應地球磁柵位置的偏移。

啓動後的宇宙能量交換機除了與地球之心和宇宙進行錨定工作，還可以連結起來，在目前的地球上方形成一個更穩定的能量網格。連結基督意識場中的阿乙莎光源，讓光源投射進入這些能量交換機，就完成啓動。而將設備移動到地球的任何角落，是不會影響揚升工作的。

透過宇宙能量交換機的網格連結，環境中的人和所有生命體，包含動植物，都會覺得場域被淨化、自身的中軸更加穩定，會立即受益，但還是有一個前提：這些生命的靈性意識仍須鍛鍊回復到可以進入自身晶體。若尚未能有意識地進入自己的晶體中，仍是無法順利揚升，邁向更高次元。

一些晶體結構尚未完整，或是已有結構完整的晶體但仍處於無意識狀態的人，依然無法透過宇宙能量交換機取得此能量引導路徑。這是他們的生命早已做出的抉擇，勉強進入對他們並沒有幫助。當人類回到有意識的生活，和大自然連結時，就是與地球之母的晶體連結的開始；當有足夠的人可以進入自己的晶體時，這些人意識的提升，就可以讓地球整體揚升。

〈附錄2〉
脈輪暢通手指操Q&A

Q：早上是否一定要先排完便，做脈輪手指操才會有效？

A：不一定。這是讓你身體的脈輪暢通的練習，若尚未排便就做，也能夠幫助打通「地」元素，促進腸胃蠕動，有助於排便。

Q：一天可以做幾次？一定要早上做嗎？一定要按照1、4、2、3、5的順序做完才行嗎？

A：任何時間都可以，沒有限制，尤其當你覺察到自己的中軸不穩定，容易生氣、沮喪、煩躁時，不妨立刻就做，幫助自己穩定中軸，讓身體的能量流動盡速回復穩定。

若能將意識導入身體，按照1、4、2、3、5的順序做完，會更深入淨化自己的脈輪。

不過，這要看個人的時間是否允許，不是強制性的。

如果身體有明顯需要調整的地方，也可以穿插運用不同手指對應的身體元素進行補充。

比方說，若腸胃寒冷不適，可以先握小拇指，帶動「火」元素，再握大拇指加強「土」元素，以中醫的理念進行「火生土」的調理，這些都是可以彈性應用的方法。

Q：做脈輪手指操，手握手指時，掌心是朝上，或者要朝向左右？

A：不需要特別讓掌心朝上、朝下，或朝向左右。手指帶有電流，當一隻手握住另一手的某一根指頭時，身體就會產生系統迴路，像是在充電。掌心的方向以能讓自己的身體輕鬆放下爲原則，刻意將手掌放置在不順手的位置，反而造成身體緊繃，對身體能量的運行沒有加分作用。

Q：我在握住手指頭時，爲何無法如《阿乙莎靈訊》一書所寫的那樣，能量向右或向左、向上或向下旋轉？我需要用自己的意識去引導這個旋轉嗎？

A：在做脈輪暢通手指操時，身體必須完全放鬆，意識回到身體，專注於自己的一呼一吸，逐漸展開內在的覺察。你會感受到能量在自己的身體裡運作，那是讓意識跟隨身體，而不要用意識去帶領身體做出能量應有的走向。所以簡單說，就是不要去想像能量應該如何運行，也不要因爲發覺自己的能量不像書中所寫的那樣，就去干擾自己的身體智能。每個人身體的狀況不同，而能量在運行之初會適應你身體的實際需要。相信宇宙會提供最適合你的能量進出方式，讓自己的身體回復本有的自體療癒能力。我們只要專注在自己的一呼一吸上，將宇宙能量吸入身體內就可以了。

Q：我的手指不完整，某個指頭斷了，該怎麼做？

A：一樣可以用意識帶領自己的意念進行，沒有手指也可以。身體除了肉體之外，還有擴展的乙太體和星光體，以意識帶領自己握住那個沒有實體手指的位置，仍然有效。

Q：我在做脈輪暢通手指操時，爲何感覺身體某些部位會疼痛、發麻或皮膚出現紅疹？

A：所謂痛就是不通，這是身體能量流動造成的身體好轉或排毒反應。此外，這也是你的身體發出的訊息，過去沒有被你覺察到，現在透過能量的運行過程，你終於看見身體的訊息。若有非常劇烈的疼痛或不適，建議去醫院做個檢查，用科學儀器檢測是否需要接受進一步的治療；若無大礙，就可以繼續做手指操，也可以在進行到與那個疼痛部位對應的手指時，給身體一個清楚的指令：「×××（器官或身體部位名稱）啊，我知道你正在幫助我回復健康，請放慢釋放的腳步，以我能夠承受的方式清理。謝謝你，我愛你！」然後每天持續進行，就可以幫助細胞逐漸分解雜質，排除身體的垃圾。

Q：做脈輪暢通手指操之前，是否應該保護我的能量場？

A：接收這段訊息的過程中，阿乙莎並沒有說要先保護能量場再進行手指操。但是，要成功到達脈輪暢通的境界，最重要的就是在做手指操之前，先讓自己飄散在外的意識能量聚集回到身體裡；若目前因爲工作或環境的影響，沒有聚焦回到自己身體的習慣，就可以運用本書提到的進入晶體前的淨化練習，讓意識先回到身上，同時也可以運用書中介紹的方法，進一步釋放恐懼不安的意念。完成這兩個動作，就可以保護自己不受低頻意念干擾。你可以視自己的需要，增加這兩個讓意識回到身體並釋放內在恐懼的練習，再開始做脈輪暢通手指操。

Q：做脈輪手指操時，是否會有其他的特殊體驗，比如看見光碼或特別的影像？

A：有些已經練習一段時間的人確實會開始有一些特別的靈性連結體驗。那是身體中軸暢通後的自然現象，有些人會因此開啓自己的松果體，看見光碼或特別的光影。若看到的影像是帶給你安定祥和的能量，就表示你正確與自己的靈性高我連結了；如果你看見讓自己恐懼或不安的光影，就代表那仍是你身上的低頻振動釋放出來的能量。建議在進行脈輪暢通手指操時，不要以意識帶領自己，而是要讓意識穩定地放在自己的一呼一吸上，覺察每一次的呼吸讓身體的哪個部位有所反應，這樣就可以減少中軸尚未平衡穩定時的低頻意識干擾。

「暢通脈輪手指操」影片和
「與大自然共振靜心冥想」音檔 QR Code

請掃描 QR Code，
連結示範影片
及引導音檔。

「暢通脈輪手指操」
示範影片

「與大自然共振靜心冥想」
引導音檔

Eurasian Publishing Group
圓神出版事業機構
方智出版社 Fine Press
www.booklife.com.tw
reader@mail.eurasian.com.tw
新時代系列 186

創造新我‧新地球【阿乙莎靈訊】

作　　者／譚瑞琪
繪　　者／尤俠
發 行 人／簡志忠
出 版 者／方智出版社股份有限公司
地　　址／台北市南京東路四段50號6樓之1
電　　話／（02）2579-6600‧2579-8800‧2570-3939
傳　　真／（02）2579-0338‧2577-3220‧2570-3636
總 編 輯／陳秋月
副總編輯／賴良珠
責任編輯／黃淑雲
校　　對／黃淑雲‧賴良珠
美術編輯／潘大智
行銷企畫／詹怡慧‧王莉莉
印務統籌／劉鳳剛‧高榮祥
監　　印／高榮祥
排　　版／杜易蓉
經 銷 商／叩應股份有限公司
郵撥帳號／18707239
法律顧問／圓神出版事業機構法律顧問　蕭雄淋律師
印　　刷／祥峰印刷廠
2019年4月　初版
2023年11月　9刷

定價 290 元
ISBN 978-986-175-521-2

地球母親從未期待人類可以站出來照顧其他的地球生命，而是一直在等待人類恢復與其他生態小宇宙的兄弟姊妹對話與和諧共存的能力。

——《阿乙莎靈訊》

國家圖書館出版品預行編目資料

創造新我．新地球【阿乙莎靈訊】／譚瑞琪 著；
尤俠 繪 . -- 初版 . -- 臺北市：方智，2019.4
256 面；14.8×20.8 公分 --（新時代系列；186）

ISBN 978-986-175-521-2（平裝）

1. 聖靈　2. 靈修

242.15　　108001989